とりあえず
結婚する
という生き方

いま独身女性に考えてほしい 50 のこと。

池内ひろ美

CONTENTS	2
PROLOGUE	6

CHAPTER-1 　結婚迷子が増えている　　　　　　　　　15

01	たとえ離婚しても、それは"失敗"ではなく"経験"。	16
02	あなたの結婚相手は王子様ではなく、普通のいい人。	18
03	26歳を越えたら、お姫様気分は卒業しましょう。	22
04	運命の人は探すのではなく、振り返るとそこにいる人のこと。	24
05	"とりあえず"は、重い腰を上げるキーワード。	28
06	"出会い筋"のトレーニングは24時間365日休まない。	32
07	好みのタイプは7年で変わるらしい。	36
08	モテ・非モテという発想は、結婚には関係なかった……！	38
09	"類は友を呼ぶ"の発想で、視野を広げていく。	44
10	好かれようとすることを、やめる勇気。	46
11	たとえば今夜、バーのカウンターでひとり過ごしてみる。	50
12	「酔っちゃった」は案外バカにできない。	54
13	出身地や出身校が同じ、同窓会という出会いの場。	60
14	SNSは、さりげない自己プロデュースがカギ。	62
15	3分1ラウンドで、お互いを褒め合ってみる。	64
16	男性との会話は、15秒が勝負。	72
17	オシャレになりたければ、何事もまずは整えることから。	74
18	とりあえず歩きださないと、どんな目的地にも着けない。	80
19	"結婚を前提とした出会い"が近道。	82
20	年の差は、ハードルにカウントしない。	86
21	「オンナは元カレを引きずらない」という定説に隠されたホンネ。	90

CHAPTER-2　結婚を見て見ぬフリしてしまう　97

22　結婚は、笑えるエピソードの宝庫かもしれない。　98

23　結婚相手に望む条件は３つまで。　102

24　年収700万円の男性より、
　　世帯年収700万円のほうが笑顔の多いワケ。　104

25　「忙しい」という口癖は悪魔の呪文。　106

26　恋に不必要なプライドを捨てた女性は最強説。　110

27　パンツを忘れたからといって、海外旅行で死ぬことはない。　112

28　"とりあえず"という気持ちで結婚をスタートしたら、
　　そこからは上がる一方。　114

29　やらなかった後悔に潜む闇は深海並み。　118

30　実家からの電話に、ときどき居留守を使ってみる。　122

31　解ける問題ではなく、配点の高い難問から解いてみる。　126

32　フィットする相手の見つけ方は、洋服選びと似ている。　128

33　わかっちゃいるけど身につかない
　　「よそはよそ、うちはうち」という考え方。　130

34　つるむ女性の周りには、気がつかないうちに
　　男性を阻む壁ができている。　132

35　「結婚できないかも？」は、
　　後々考えるとまだマシな時だったという……。　134

36　たまのワガママに、応えてくれるかどうか。　138

37　"女子力"の後ろに（笑）をつけている場合ではない。　140

　　女子力向上への道　①お願い上手／②笑顔を忘れない／③言葉遣い
　　④声の出し方／⑤身だしなみ／⑥教養／⑦コミュニケーション
　　⑧聞き上手／⑨マナー／⑩ポジティブな言葉を使う

38　食べたいものが一緒の人と、結婚を考えてみる。　154

39　彼氏と行ったコンビニで買う、結婚情報誌の重さ。　156

40　いくつになっても息子は母親の彼氏。　158

CHAPTER-3 幸せな結婚って何だっけ？　　161

41　結婚は幸せへの入り口ではなく、大人の階段を上る行為。　　162

42　結婚生活に欠かせない"趣味"という共通言語。　　164

43　結婚に旬はないが、出産には旬がある。　　168

44　人生にも、週休2日くらいあっていい。　　170

45　SEXの相性の良さは、幸せな結婚生活と直結している。　　174

46　2番手からの巻き返しは、おそらく99％ない。　　176

47　あるかもしれない"不倫適齢期"。　　178

48　39歳結婚歴なし女より
　　39歳バツイチ子持ち女のほうがモテる。　　180

49　両親から育ててもらった恩を、どこで返すか。　　184

50　離婚で得るオトナの経験値は、案外悪くない。　　188

EPILOGUE　　190

PROLOGUE

　"とり婚"してみませんか──？

　"とり婚"とは、「とりあえず結婚するという生き方」のことです。結婚は本来、大げさに考えたり、深く悩んだりするものではないと思います。ましてや、後戻りはできないと切羽詰まった気持ちでするものでもありません。結婚を軽やかに、しなやかに行ってもいいのではないかな、と思います。また、結婚はしないよりしたほうがいい。しないよりするほうが人生の経験値は上がることが多いですし、結婚からしか得られない、人としての成熟もあると思います。人によってさまざまな事情はありますが、女性として出産と向き合うためにも、一度はしてみてもいいですね。

　さまざまな理由から、一度くらいは結婚したほうがいい……なんて、今さら私が言うまでもありませんよね。でも、少しだけ、この話にお付き合いください。

　結婚は、いわゆる"運命の相手"を見つけるものではありません。

ともに支え合うことのできるパートナーを得るのが結婚です。ですから本書では、「運命の相手を見つける方法」だとか「絶対に幸せになれる結婚の極意」などといったものを語ったりはしません。そもそも人生に"絶対"はないので、それほど思い詰めることもありません。もっと穏やかに、"結婚"をとらえてもいいと思います。

そこで、"とり婚"なのです。まだ始まってもいない結婚生活について、する前から深く悩む必要はなく、"とりあえず"という気持ちで受け止めてみる。悩むのは、結婚してからにしませんか?

さて、本題へ入る前に、私自身の結婚を少し振り返ってみます。

私が結婚したのは24歳の時。相手は一部上場の大企業に勤める技術者で、オートバイが趣味の穏やかな男性でした。結婚を決めたのは、彼の将来が有望だったからではなく、趣味に惹かれたから。実は私もオートバイが好きで、16歳になってすぐに原付バイクの免許を取っていました。「この人と結婚したら、大きなオートバイに乗ることができるかも」という期待から、結婚を決めたような感じです。

結婚後に中型免許を取得し、ヤマハTZR250、カワサキKR250というレーサーレプリカのオートバイを購入。夫や夫の友人とツーリングに繰り出し、鈴鹿サーキットでの走行も楽しみました。ほかにも、新婚生活には素敵な思い出がいっぱいあります。

ところで、私が生まれ育ったのは、岡山の保守的な田舎町です。父親から「女に学問は必要ない」とか「勉強ばかりしていると、かわいげのない女になる」などと言われ、母親からは「家事のできる女性になりなさい」と言われて育ちました。また、体作りのために運動しなさいという教育方針だったので、小学生の時はスイミング教室に通い、中学生になるとゴルフも習い始めました。ほかにも乗馬、スキー、サーフィンなど、楽しみながら体を動かしました。

　20歳から結婚するまでの間に、6回のお見合いも経験しています。今は恋愛結婚がほとんどですが、当時は約1/4がお見合い結婚。親に勧められるまま、私もお見合いをしてみたわけです。「女はクリスマスケーキ」といわれた時代でもあります。これは、クリスマスケーキは25日（女性は25歳）までが勝負。1日過ぎただけでも、26日（26歳を過ぎたら）には値下げしても売れない、売れ残ってしまうという意味合いの揶揄です。

　私は、その頃から「結婚と恋愛は別」という考えでした。恋愛が必ず結婚に至るのではない。恋愛という、ある意味"非日常"を楽しく過ごす相手と、"日常の連続"である結婚生活を過ごす相手は違うのだろうと、漠然と思っていました。これは「年頃になったら、お見合いをする」という、親の教えによるところが大きいですが、ご夫婦やご家族に関する相談を3万5000件以上受けてきた今、自分の人生を客観的に振り返っても、大きな間違いはなかったと

8　PROLOGUE

思います。

　元夫は優しくて真面目で、それなりにカッコいい人でした。結婚してからの８年間を私は専業主婦として過ごし、彼が勤務する企業の巨大な社宅に住み、ご近所関係も良好。甘いものが好きだった彼のために週一度はホールケーキを焼き、毎朝毎晩、畳をから拭き。カーテンも手洗いするほど真面目に家事を行い、もちろん料理はすべて手作りです。娘が生まれた後には大阪の郊外に家を建て、周りから「あなたは幸せね」「優しい旦那様で羨ましいわ」と言われていました。オートバイ専用ガレージも造り、子どもの洋服は好きなブランド尽くし。絵に描いたような結婚生活でした。

　ある日、TVで明石家さんまさんが「♪幸せって何だっけ何だっけ？♪」と歌うCMが流れました。その瞬間、幸せって？　と、違和感を覚えたのです。当時、娘に手がかからなくなってきたこともあり、仕事をしたいと元夫に伝えました。すると彼は、「女は頑張って働くものじゃない」と言ったのです。専業主婦の私に、よかれと思い、かけた言葉が、「働きたい」と感じていた私には違和感を生みました。身勝手ですが、その後に私から申し出て、離婚します。彼が悪いのではなく、私が変化したのだと思います。

　これから結婚するあなたに、離婚についてお伝えするのも奇妙ですが、人生どこに何が隠れているかわかりません。本書が、決して単なるきれい事を並べているだけではないことを示す意味で、

9

あえて私の過去の経験についても書かせていただきました。

　結婚する前に、「幸せな結婚をしたい」という方がいますが、結婚は幸せを保証できるものではありません。また、「絶対に離婚しない」という方もいますが、人生に"絶対"はない。どんな日々が待っているかは、結婚してみなければわからないのです。あなたが周囲から結婚生活についての体験談を伝え聞いていたとしても、きっとあなた自身のそれとは異なります。友人や姉妹はあなた自身ではありませんし、パートナーとなる男性も異なるからです。でも、だからこそ結婚は楽しい。未来のことはわかりませんし、彼の友人や親族といった新しい人間関係が広がる楽しみもあります。結婚の楽しさ、安心感は、ほかの何ものとも比べようがありません。

結婚できない・しない人が増えている

　日本生命が実施したアンケートによると、独身者のうち「結婚にプラスのイメージがもてない」と答えた～20代は男性約18％、女性約25％、30代で男性約19％、女性は約31％、40代で男性約17％、女性約35％と、女性は年代が上がるにつれてネガティブな印象をもちがちのようです。また、20～30代男性の約21％が、「経済的な不安がある」と答えました。さらに、総務省統計局の国勢調査によると、年々未婚率も増加。2010年には25～

29歳女性の約60%、30〜34歳女性の約35% が未婚です。

　人生において、進学・就職など自分をステップアップするチャンスはありますが、それらより大きくチャンネルを変えることができるのは結婚です。だから、漠然とした不安や妄想めいたものを掲げて結婚を先送りにしているとしたら、考えるだけ無駄です。

　結婚なさらない方の中には、「仕事の区切りがつかない」「母のように家事ができない」などと、突き詰めて考えるあまり、それが結婚しない理由になっている方も。考え過ぎはやめてみましょう。

　私がおすすめしたいのは、お見合い結婚。男女として当事者だけの出会いではなく、お互いの親や実家を具体的にイメージできるお見合いは、案外うまくいくことが多いのです。何より、離婚理由で最も多い"価値観の違い"が少ないのが最大のメリットです。

結婚はおもしろい！

　結婚に悩む多くの女性は、理想を求め、結婚すれば自動的に幸せになれるというファンタジーを描いています。結婚はファンタジーではなく現実ですし、実際におもしろいことだと思います。

　たとえば、起業した会社に人が増えて新しい個性が参加することで、会社はますますおもしろくなります。これは家族も同じ。現在独身のあなたに夫や子どもといった家族が増えていくと、楽

しいと思える機会も増します。一方、離婚や死別など悲しいこともありますが、その悲しみは、いずれ誰もが乗り越えなければならないもの。

　また、結婚生活を通して、あなたは夫という男性を育てていくことができます。これは時折いわれますが、男性は人生において3度女性から育てられます。最初は母親、次に恋人から、最後は妻によって。だからこそ、新婚当初は家事を一切しなかった旦那様も、上手にお願いすることで分担してくれるようになるのです。こう考えると、今現在、パーフェクトな人でなければ結婚できないということはありません。あなたが「なんとなく、いいな」と感じたら、まず結婚を考えてみる。何事も、行動しなければ始まりません。

"とりあえず"結婚という考え

　たとえば、新しいワンピースを買う時、運命的な出会いを求めるのではなく、なんとなく気に入ったから買おうと思うはず。つまり、洋服選びとパートナー選びは似ています。洋服を一着買うたびに「これは本当に運命的なもの？」と突き詰めていると、いつまでたっても決めることは難しいですね。なんとなく目に留まったものを"とりあえず"購入して着ているうちに、あなたにフィッ

トしてくる場合もあります。つまりあれこれ悩まず、ただ、とりあえず決めることができればいいのです。山ほどの素敵なワンピースを目の前にしても、決められなければ一着も買うことすらできませんし、決めかねて悩んでいるうちにほかの人に買われてしまい、なぜ私はあの時に買わなかったの？　と悔しい思いをするかもしれません。また、高級過ぎて自分には不釣り合いだろうと試着もしなければ、試着しなかったことを後悔し、あのワンピースを買うことができていれば今とは違う毎日を送っていたかも？などと考えるかもしれません。後悔先に立たず、ですね。

　もちろん、結婚と洋服を同じレベルで語ることはできませんが、何かを決断する時は、「とりあえずやってみよう」という、いい意味で軽い気持ちも意外と必要です。

　時にはネガティブなイメージを持たれかねない"とりあえず"という言葉ですが、本当は日本的な曖昧さを含んだ、いい言葉です。

　その意味は、大きくわけて２つあります。①「まず」「ほかのことは差し置いて」、②「ひとまず」。こう考えると、"とりあえず"には強制する意味がありませんし、優先しつつもダメだったら次があるわという、軽やかささえ感じられます。

　だから、結婚は"とりあえず"始めるものと受け止めてみてください。"とりあえず"ですから、何がなんでも理想の相手を見つける必要はありませんし、絶対に離婚しないと誓う必要もありません。結婚を、もっと気軽で身近なものとしていきましょう。

13

CHAPTER-1
結婚迷子が増えている

01

たとえ離婚しても、
それは "失敗" ではなく
"経験"。

結婚する前から失敗を恐れていませんか？
恐れるあまり、恋愛すらできない人も。今ど
き、離婚は珍しいことではありません。ひ
とつの人生経験として捉えてみましょう。

結婚に踏み切れない女性の多くは、まだ起こってもいない未来を心配しています。夫が浮気するかも？　姑とうまくいかないかも？　離婚することになったらどうしよう？　だから結婚しない。つまり、一歩を踏み出さなくてもいい理由を考えているように思います。

　私がお会いした女性の中で40歳まで一度も結婚していない人たちは、結婚できない可能性が高い。言い換えれば、一度結婚した人は結婚する方法を知っているから、大げさに言うと何度でも結婚できます。これは恋愛にも通じること。リスクを考えるのも大切ですが、妄想にとらわれて動けなくなっては本末転倒です。

　今の時代は３組に１組が離婚する時代といわれています。離婚は珍しいことではなくなりました。それに、たとえ別れることになったとしても自己否定しないでくださいね。離婚は“失敗”ではなく“経験”です。別れに付きものの辛さを乗り越えることで、女性として成長できます。つまづいたり、時には転んだりするのも人生。失敗を恐れなくなれば、結婚のハードルは低くなります。

02

あなたの結婚相手は
王子様ではなく、
普通のいい人。

結婚を必要以上に大げさに捉える人は多い。
でも、あなたの結婚相手はあなたと同じ、身
近にいる普通のいい人です。ちょっと肩の力
を抜いて、周りを見渡してみましょう。

戸籍が変わる。家同士の付き合いが始まる。とかく、結婚は重く捉えがち。また、結婚するからには、相手の価値観を全部知らなければならないと思い込んでいる人も多い。がんじがらめにした挙げ句、自分を見失い、好みのタイプさえわからなくなることも。仮に、某産油国の王子様と結婚するなら大変です。でも、あなたが求めているのは"普通のいい人"なのですから、大丈夫。

　結婚は引っ越しと似ています。部屋探しは楽しい一方、ちょっと面倒です。自分に合う部屋を探しますが、何もかもパーフェクトな部屋を探すとなると大変。ロケーションや家賃、間取りなどさまざま迷っているうちに、ほかの人に決まってしまうこともあります。条件が厳しすぎると引っ越し先を見つけることすらできません。

　だから、あれこれ迷わず、「いいな」と感じたら入居してみる。この時に意識することは、楽しく生活できそうか？そして、自分の金銭感覚から大きく外れていないか？この2点だけ。多少の騒音や最寄り駅が遠いなどといった条件は、暮らすうちに慣れてくるもの。どうしても我

慢できなくなったら、また引っ越せばいいのです。

　結婚も、「なんとなく、いい人」と感じたら決めてみれば
いいと思います。生活の中で生じる多少の価値観の違い
は、使い慣れた道具のように、長年連れ沿ううちに馴染
んでいきます。その証拠に、お互いの文句を言いながら
も離婚しない夫婦の多いこと！　きっと、一緒に暮らす
うち、お互いが欠かせない存在になっていくからですよね。

迷っているなら PLAN・DO・SEE

　結婚するには、具体的に動くこと。おすすめは、PLAN・
DO・SEE。ビジネスの基本方法です。やり方はシンプル。
具体的な計画を立てたら、そのために必要なことを実行
に移し、結果を評価する。もし、問題が発生したり、予期
せぬ結果となったりした場合は、原因を考え、対策を検討
し、次回の反省材料にする。これを、結婚に当てはめます。

　この時、身近な人に協力を求めます。あなたを良く知っ
ている人は、的確なアドバイスをくれるでしょう。優しい

人より、辛口だけど正直な人が最適。結婚に必要なのは、優しい嘘より厳しく正直な意見です。また、好きな人の前では理性を失いがち。できれば、過去の失敗や傾向も知っている人に俯瞰してもらえると、なお良いでしょう。

結婚のPLAN・DO・SEE

（1）PLAN（計画）の立て方
① 結婚の目的を理解する（楽しく暮らす、出産など）
② 結婚の目標を決める（いつまでに、どんな人と）
③ 段取りをする（お見合い、好きな人にアプローチなど）

（2）DO（実行）のやり方
① 身近にいる協力者に相談し、計画を検討する
② 周囲と情報交換し、協力体制をとる

（3）SEE（評価）のやり方
① 結果に不満足なら原因を分析する
② もっといい方法はなかったのか反省し、
　　次の計画に役立つ要素を身につける
③協力者へ結果を報告。次回に向けて作戦を練る

03

26歳を越えたら、
お姫様気分は
卒業しましょう。

20代も後半、気がつけば30代。自分のことを客観的に見る目が必要です。いつまでも10代や20代前半と同じ感覚でいると、ちょっとイタい人になってしまいます。

たとえば23歳、新卒で入社して社会人1年目。あなたはまだ仕事に慣れておらず、初々しい雰囲気を漂わせています。そんな時に愛してくれた彼と、29歳の今付き合っている彼。同じ"20代の恋愛"でも、残念ながら意味は異なります。

　なぜなら、男性が若い女性に惹かれるのは、生物学的本能だからです。古代から、人が生きる目的のひとつが子孫を残すことでした。つまり、同じ20代、アラサーの自分は20代前半とさして変わらない気分でも、男性から見ると別モノのようです。

　だから26歳を越えたら、単なる若さだけではない魅力を身につけると良いと思います。20代前半までは、メイクをしなくても素肌は美しく髪の毛もつやつや、バストにも張りがあります。年齢とともにさまざま衰えていくのは当然ですが、その分、知識や気遣いなど経験を重ねたからこその魅力を備えていきます。経験に見合った立ち居振る舞いができる女性は、年齢に関係なく魅力的。そんな、大人な女性に惹かれる男性も多いものです。

04

運命の人は探すのではなく、

振り返ると

そこにいる人のこと。

結婚に必要なのは"運命"よりも"必然"です。
一緒にいて心地良い相手なら、それで十分。
ビビッとくる瞬間を待つのは、時間がもった
いないですね。

「運命の人がいるかもしれない」と考えた経験、誰しもが一度はあるはず。でも、"運命の人"が必ずしも"素晴らしい人"とは限りません。

　一目惚れして結婚したのに、仕事を続けることを許してくれない人だった。優しい人だと思っていたけれど、優柔不断なだけだった。などなど。瞬間、ビビッときたとしても、結婚したら全然違っていたという話は、少なくありません。

　白馬に乗った王子様が迎えにきてくれるなんて話も、少女漫画や童話の世界だけです。妄想を膨らませ、夢見がちに語る女性は、ある程度の年齢になると幼稚でイタい人になりかねません。妄想の世界は、ある種の万能感を与えてくれるけれど、それは逃げでもあります。現実逃避している時間が、もったいない。相手に求める条件も、年齢とともに現実的なものにしていきましょう。

　とはいえ、やっぱり運命の相手を諦められないという人は、逆の立場で考えてみてください。誰かにとって自分は"運命の人"になれるほど、素晴らしい人間ですか？

27

Yesと言える人は、少ないはず。なぜなら、多くの人が「運命の人はパーフェクトな人である」と考えているからです。

　人はみんな、優れた面と欠点の両方を持ち合わせています。結婚は日々の生活の繰り返しです。仕事で失敗してしまった日や、友人と喧嘩したりする日もあるでしょう。そんな時も、非の打ちどころがない自分であり続けるのは苦しい。欠点も含めて一緒にいられる人との結婚は素敵です。

王子様よりも、自分を探す

　結婚は、運命の人を探す行為ではなく、"自分探し"に似ています。自分にとって心地いい人を見つけるということは、自分を知ることにつながります。

　たとえば、料理をするのが好きなのか、食べることが好きなのか。休日はアクティブに出かけるのが楽しいのか、インドアでゆったり過ごすほうが心地いいのか。相

手からされて嬉しいことは、自分にとって心地いい状態のバロメーターです。需要と供給がマッチする相手こそ、あなたの"運命の人"です。

　ちなみに私は、"運命の人"とは、何年か何十年か一緒に過ごし、振り返ってみて「実は彼が運命の人だった」と感じるものだと思います。その頃にはお互い、おじいちゃんとおばあちゃんになっているかもしれません。その年代になってから気づくこともありますよね。

　日本では 1960 年代以前は、お見合い結婚をする人が恋愛結婚よりも多かった。お互いを知り尽くす前に結婚していたのに、離婚率は今より低かったのです。

　もちろん、その時代背景や価値観も関係していますが、きっと大切なことは直感です。「いい人だな」「なんだか気が合う」と感じた相手は、長い時間を経て"運命の人"になる可能性があります。迷うよりも、とりあえず結婚してみようと動きだすのもアリだと思いませんか？

05

“とりあえず”は、
重い腰を上げるキーワード。

この人で決めて、本当にいいの？　結婚と
なると、なぜか慎重になりがち。そこで発
想の転換！　「いいな」と思ったら“とりあえ
ず”結婚するという選択肢もあります。

"とりあえず"と聞くと、ちょっとネガティブなイメージがあるかもしれませんね。「こいつで手を打っておくか」のような。でも、そういうことじゃないんです。

　私の考える"とりあえず"は、迷った時に背中を押してくれる言葉。日本的な曖昧さもある、いい言葉です。

　結婚となると、なぜか多くの人が過剰なほど慎重になりがちです。特定の恋人がいるわけでも、プロポーズされたわけでもないのに、いらぬ心配をしてしまう。中には結婚へのハードルを自らどんどん上げていく人もいます。

　また、お付き合いしている相手が誰から見てもいい人で、相性もぴったり。それなのに、「まだ時期が早いのではないか」と先送りしてしまうなんて人もいます。

　どちらも、まだ見ぬ未来に思いをはせ、現実を見ていません。結婚したいあなたが見たほうがいいのは、目の前に広がっている"今ある"世界です。

　そんな時こそ、"とりあえず"の出番。「いい人だな」「なんだか合うかも」。そう感じたら、結婚を視野に入れてみる。極端にいえば、プロポーズされた相手のことを、そ

の時は愛していなくてもいいのです。

　これは何も、「好きでもない相手とでもいい。とにかく結婚しろ」と言っているわけではありません。結婚生活は長い。人生80年だとすれば、たとえば30歳で結婚したら、50年間も連れ添うわけです。ずっと同じテンションで愛し続けることが理想ではありますが、なかなかそうもいきません。時には腹立たしいことや、幻滅してしまうシーンもあるでしょう。さらに尊敬したり惚れ直したりすることも、たくさんあります。

　だから、結婚を考えている今は「いい人だな」程度に思うことができれば十分。"とりあえず"結婚してみたら、生活する中で状況や考え方は変わっていきます。万が一、夫婦関係がうまくいかなかった場合には、"とりあえず"決めた結婚だからと気分は少し軽くなります。

失敗を失敗にしない"とりあえず"

　"とりあえず"は、結婚のみならず、どんどん人生に取

り入れていきましょう。" とりあえず " 新しいことを始めてみよう。" とりあえず " 行ってみよう。断定ではなく少し曖昧にできれば、ダメだったとしても傷口は小さい。

　近頃、増えている完璧を求める人たちにも、この言葉を使ってほしいと思います。自分にも他者にもミスを許さない人は、失敗した時には激しく落ち込んでしまうこともある。それは強い責任感の表れである一方、強い自己否定につながります。

　失敗は経験です。失敗からしか得られないことも、たくさんありますし、人生を成功し続けることはできません。失敗したらリカバリーを考え、辛い状況から学んで、前に進む。そんな時にも、" とりあえず " やってみたことだから、と捉えることができれば、落ち込んだ心をしなやかに取り戻すことができると思います。

　もちろん、人生には " とりあえず " ではすまないシーンもありますから、使う状況はご自身で判断してくださいね。

　人生を明るく楽しむための " とりあえず " を、今日から使ってみましょう。

33

06

"出会い筋" の
トレーニングは
24時間 365日休まない。

「出会いがない」と感じている人の多く
は、出会い方にこだわりすぎて、出会いを
カウントできていないだけ。思考と行動パ
ターンを見直せば、毎分毎秒出会えます。

昨日１日を振り返ってみてください。何人の異性と会いましたか？　その中で、独身は何人いましたか？

　総務省統計局の国勢調査（2010年）によると、日本では男性の約80％が独身です。その割合は、25〜29歳で約72％、30〜34歳で約47％、50歳で約20％と、年齢を重ねるごとに減っていきます。

　また、ウェブサイト『セキララ☆ゼクシィ』の調査では、男性が考える男性の結婚適齢期第１位は30歳。理由としては、「仕事が充実していそう」「一人前になる年ごろだと思うから」などが挙げられます。仕事の充実は自信へとつながり、ひいては結婚に目が向くようです。

　こんなに独身男性があふれているのに、そして結婚を真剣に考えている男性もいるのに、恋人や結婚のできない女性の多くが、「出会いがない」と言います。本当に、そうでしょうか？

　たとえば、電車の車両。１両当たり約140人乗車できますが、女性専用車両でなければ男性も乗り合わせます。また、会社に行く前に立ち寄ったコンビニで男性店員や

35

男性客がいたかもしれません。職場の仲間にも男性はいます。こう振り返ると、1日にかなりの数の異性と接していませんか？

　日々、異性と出会っているにもかかわらず、カウントできていない。これは、出会いの筋力が衰えている証拠です。鍛えるには、接する人の長所を見つけること。スーツ姿が素敵、指がきれいといった表面的なことでもいいのです。仕事ができる、教え方がうまいなど、人間性や相手が誇りに感じている部分を見つけることができれば、さらにいいですね。心の中で思うだけでも構いませんが、言葉にすることができれば相手も喜んでくれます。

思考と行動パターンを変えてみる

　素敵な出会いを望むのは当たり前ですが、「出会いがない」と嘆く人の多くが、"良い出会い"にこだわります。

　でも、良いかどうかは、後から感じること。第一印象が最悪だったとしても、数年後に当時を笑って振り返る

ことができれば、それは結果的に良い出会いになるわけです。だから、最初からネガティブな方向に決めつけないほうがいいと思います。

　また、毎日の行動パターンが同じという人は、少し変えてみるといいですね。たとえば朝、出勤時間を30分早めて、喫茶店でモーニングを食べてみる。普段は足を運ばない社内の別フロアを歩いてみる。小さなアクションから始めてみましょう。

　毎日同じ行動パターンで過ごすのは、安心で安全です。でも、出会いは、それ以上増えません。人と人との出会いというのは、ほんの些細なことから始まるもの。「出会いがない」と嘆く前に、まずは自分の意識と行動を、ちょっとだけ変えてみてください。

07

好みのタイプは
7年で変わるらしい。

生活を続ける中で、趣味趣向が変わるのは
当たり前です。好みのタイプというだけで
結婚を決めず、愛情以外の共通点があるか
（見つけられるか）をチェック！

アメリカのメリーランド大学の研究によると、異性の好みは7年で変わるとのこと。それは、脊髄液が7年間ですっかり入れ替わるためです。体内組織が変わると趣味趣向まで変わるというのは、興味深い研究結果ですね。

　実際、私が相談を受けてきた多くのご夫婦も、子どもや共通の趣味をもつなど愛情以外の共通点が見つけられないと離婚するケースが多くあります。

　7年も夫婦生活を続けていれば、お付き合いしていた時や新婚当初のような新鮮味を失うのは当然です。もしかすると見た目や体形も変化し、当時の好みのタイプから程遠くなっている人もいるかもしれません。極論をいえば、SEXにも賞味期限があります。同じ相手とマンネリしないための工夫をしたり、夫婦の宝物となる子どもができることで、つながりがさらに深まると思います。

　7年で異性の好みが変わるのなら、ルックスが大好きな彼との結婚は少々不安。ルックスよりも、あなたにとって彼はいい人か？　あなたとの共通点があるか（見つけられそうか）？　この2点がクリアになることが大切ですね。

08

モテ・非モテという発想は、
結婚には関係なかった……！

結婚をするには、100人にモテる必要はあ
りません。だから、「私はモテない」と尻込
みしないで。男性でモテすぎる人は浮気す
る可能性が高いので、外すのが正解です。

そもそもモテる人って、どんな人でしょうか？　容姿が美しい＝モテる、ではありません。もちろん、容姿が美しいことで恋愛のチャンスは多くなりますが、私が出会った女性の中では、「キレイなのにモテない」という悩みを抱えている人たちもたくさんいます。

　つまり、見た目ではないということです。ドラマや漫画に出てくる学園のマドンナに共通することって、何でしょう？　それは、笑顔が素敵だということ。ツンと澄ましているマドンナや、ブスッと不機嫌顔だけどモテモテの女子生徒は、どの学園にも存在していません。

　心理学に"返報性の原理"という考えがあります。人から何かをしてもらうと、お返しをしなければならないという気持ちになる感情です。これを恋愛に応用したものを、"好意の返報性"といいます。

　笑顔は、相手に好意を抱いているというサイン。笑顔を向けられると「自分に好意をもっている」と感じ、自分も相手を好きだと感じてドキッとする。"好意の返報性"を上手に使える人は、容姿にかかわらずモテるのです。

41

結婚にモテは不必要

　結婚は、1対1でするものです。つまり、100人からモテる必要はありません。ただ一人の大切な人がいればいい。だから、「私はモテないから無理」などと尻込みしないでくださいね。

　こと結婚の場合、異性からモテる人は「もっといい人がいるに違いない」「この人より私に合う人がいるはず」と欲が出て、婚期を逃す傾向にあります。まだ見ぬ相手に高望みするのは、妄想がエスカレートしている証拠。そんな人が現れる保証はどこにもないですし、もしかしたら逃した相手が、あなたにとって最良のパートナーだったかもしれません。

　これは、あなたが相手を選ぶ時にもいえること。モテる人のほうが、人として魅力的だと思っていませんか？同性からモテる人は友人も多く、信頼の厚い人だといえます。でも、異性からのモテは、少し違います。

　結婚で大切なのは、あなたにとっていい人かどうか。

多くの人が注目しないポイントで、心をぐっとつかまれることがあるかもしれませんし、あなただけが相手の魅力に気がつける能力を持っているかもしれません。だから、周りに合わせる必要もなければ、あなたの好みを周りに理解してもらう必要もないのです。

　ただ、恋をすると相手に夢中になるあまり、理性を失うこともあります。目が曇り、DV男やギャンブル男に惹かれてしまっている場合は別です。でも本来、結婚相手は周りが評価するものではなく、あなた自身の価値観で決めるべきということを忘れないでください。自分のフィルターを通して、正直に見つめてみましょう。

　ちなみに、男性で異性からモテすぎる人は、浮気する可能性を秘めています。男性は狩猟本能が備わっていますから、いくら"いい夫"でも、女性から言い寄られたらグラついてしまう可能性があるんですね。結婚後の心労も覚悟の上であれば別ですが、幸せを求めるなら"異性からモテすぎる人"は結婚の条件から外すことをおすすめします。

09

"類は友を呼ぶ"の発想で、
視野を広げていく。

好意をもっている人だけでなく、その友人
や同僚などにも視野を広げてみます。「い
いな」と感じている相手と仲が良いのだか
ら、きっといい人に違いありません。

フラれてしまうことが怖くてモジモジしているうちに、出会いや恋愛のチャンスを逃してしまった経験はありませんか？　告白したわけでもないのに、ダメになった未来を想像して尻込みする。もしかしたら、目の前の好きな人がすべてだと思い込んでいるからかもしれません。

　たとえば、彼の友人はどうですか？　「類は友を呼ぶ」といいますが、好感をもっている人の友人もまた、感じのいいことが多いものです。さらに、彼の職場の人はどうでしょうか？　少し視野を広げてみると、結婚のための出会いが増えるだけでなく、人生を豊かにしてくれる出会いにつながります。

　もし、彼に想いが伝わらなくても、彼の友人や仕事仲間とも縁が切れるわけではありません。それとこれは別と割り切って、友情を育んでいくことで、別の出会いが待っているかもしれないのです。

　結婚は、人間同士がしっかりコミュニケーションできた、ひとつの結果。ターゲットだけに絞るのではなく、いろいろな価値観を受け入れて、出会いを生みましょう。

47

10

好かれようとすることを、
やめる勇気。

自分のことを好きでもない人に好かれた
いからと相手に合わせることは、嘘をつく
のと同じです。そのままのあなたに好意を
もってくれた人の気持ちは本物です。

「嫌われたくない」という感情は、男女間にかかわらず、多くの人がもっています。まずは、その感情を捨てましょう。なぜなら、あなたが本当に求めているのは、嫌われないことではなく、好かれることのはずだからです。

　そもそも、嫌われない＝好かれる、ではありません。嫌われない＝無関心、なのです。なんとも思っていない人のことは、嫌いにも好きにもなりません。厳しい言い方をすれば、嫌われたくないという気持ちで人と接すると、相手にばかり合わせてしまう。その結果、空気のような存在になってしまうのです。いてもいなくてもどちらでもいいなんて、寂しすぎますし、嫌われないためにかけた時間と労力がもったいないと思いませんか？

　反対に、「好かれたい」と考えることも、実は時間の無駄です。たとえば芸能人を見てください。誰からも好かれるといわれる好感度の高い人にも、少数であれアンチはいますね。こうすれば好かれるというコミュニケーションテクニックもいろいろありますが、それはあくまで確率を上げるものでしかありません。

つまり、他人の思考をあなたが完全にコントロールする
のは不可能。だから、嫌われることを恐れすぎたり、好
かれるための必死すぎる努力は無駄ではありませんか？
　大切なのは、楽しむことです。ビジネスや目上の人と
の場などは別として、普段のコミュニケーションでは、
自分が楽しんだり笑顔でいられることを大切にします。
　誰かに好意をもってもらえるというのは、その過程に
あるもの。人生のゴールではないのです。

常に普段着のあなたでいる

　恋愛や結婚において、相手に合わせるという行為は、
大きな嘘につながります。なぜならそれは、あなた自身
にも嘘をついているからです。
　好きな人やパートナーに、「素敵だ」「いい子だな」と思
われたいため、相手に合わせた経験がある人は少なくな
いでしょう。たとえば、「女性がガツガツお肉を食べるの
は嫌」と言われて、本当はお肉が大好きなのに、あえて残

してしまう。「強気な女性は苦手」と聞けば、彼の前では控えめにするなど、演じすぎる自分がそこにいます。

　十代の恋愛は、それでいいかもしれません。でも、大人の恋愛では、付き合いが長くなればなるほど、ましてや結婚するとなれば、いつか必ず本性が現れます。数カ月、数年ならまだしも、結婚しても何十年と嘘をつき通せますか？　些細なものであったとしても、難しいでしょう。

　あなたにはそのつもりがなかったとしても、彼からしたら嘘をつかれたこと自体がショックで、「騙した」と思われてしまうのです。相手のために、よかれと思ってとった行動が裏目に出ては、元も子もない。それに、相手に合わせてばかりでは、うまくいかなくなった時に「彼に合わせたのに」と、あなた自身も納得がいきません。

　大人の恋愛は自己責任です。だからこそ、ありのままの自分でいてください。あなたも相手も、普段着の自分をさらした上で、お互いに落としどころを見つけます。きっと、普段着でいられる相手は気楽で心地いい。嫌われたくないという感情とも、サヨナラできるはずです。

11

たとえば今夜、
バーのカウンターで
ひとり過ごしてみる。

自分のやりたいことを、人に流されること
なく実行できる女性が豊かです。また、ひ
とりでバーや居酒屋をサラリと楽しめる女
性も、男性にとって話しかけやすい存在。

常に友人に囲まれている人＝充実している、と思いがちですが、一概にそうとはいえません。学生ならまだしも、社会人の場合は、ひとりで過ごす楽しみを知っている人こそ、充実している人だと思います。

　美術館巡りや映画鑑賞、スポーツ、習い事、留学など。自分がやりたいことを、人に流されることなく実行する。一見、自由な人のようですが、本当にやりたいことを実行するには自分を律する必要があります。

　たとえば、週末にランニングをする人。平日は仕事で忙しいから、休みの日ぐらいゆっくりしたいですよね。でも、時間を作って体のメンテナンスに充てる。ストイックではなく、自分を大事にしているからこそできること。

　これは、ほかのことにも共通していえます。心と体の欲求に耳を傾けられる人は、自分を疎かにしません。友人との時間を優先することも時には必要ですが、あなたの人生です。あなた自身のために時間を使わないなんて、もったいないと思いませんか？

　本当の自由とは、完成度が高いものです。自分の欲求

を素直に感じて、前に進める女性は魅力的です。

" おひとり様 " してみる

ひとりでどう過ごせば良いかわからない女性にトライしてもらいたいのが、"おひとり様"。とくに 20 〜 30 代におすすめです。メイクばっちり、色気のあるスタイルで挑む必要はありません。気取らず、ハードルを上げすぎず、居心地のいいカフェやバーなどで過ごしてみましょう。

男性に「ひとりなの?」と声をかけられたら、「友人と約束していたけれどすっぽかされた」と言えば OK。寂しいオンナ、なんて思う男性はめったにいませんよ。

むしろ、女友達と群れている女性のほうが、男性にとっては話しかけづらい存在。女性だけのテーブルの周りには目に見えない高い壁がそびえ立ち、ゲラゲラ笑ったり大声ではしゃいだりする姿は(悪い意味で)迫力満点です。声をかけようという気もうせてしまいます。

中には下心のある場合もありますが、すべての男性が

恋愛だけを目的に声をかけるのではありません。その場を楽しみたい。友人になりたいと、もっと気軽な理由で声をかけることもあります。だから容姿に自信がなくたって、それを気にしているのはあなただけかもしれません。そういう場に慣れれば、女性から男性に声をかけることだって自然にできるようになります。女性の"おひとり様"は、男性からすれば、むしろ話しかけやすいと好評ですよ。

おひとり様"NG"スポット

◎ 高級レストラン

普通はカップルで行くか、接待やパーティーなどに使われる場所。周りに気を使わせてしまいます。カウンターのある、気軽なレストランならOK。

◎ 海外リゾート

海外では、ひとりでリゾートに行く女性は、出会い目的だと思われる可能性もあります。また、女性ひとりの行動は危険な場合もあり、おすすめできません。

◎ 大衆居酒屋

チェーン系列の大衆居酒屋のテーブルで、ひとりビールをあおる姿は、豪快すぎて引いてしまうかも。個人店のカウンターで一杯、のほうが素敵です。

12

「酔っちゃった」は
案外バカにできない。

相手に心を許していると感じさせる"隙"は
侮れません。一見大胆な言動も、余計な駆
け引きが必要なくなるので、結婚に向けて
前進したい時は効果的。好き→隙→キス。

隙のある女性は男性から見て、かわいげがあります。

　たとえば、お酒の席。ほろ酔いになっている様子や、イスから立ち上がる時にさりげなく隣の男性の肩に手を置き、支えてもらうなど。やわらかな雰囲気があったり、ふとした瞬間に男性を頼ったりできる女性は、隙があります。

　また、相手のことをさりげなく褒めるのもいいですね。男性は基本的に狩人ですから、自分に好意をもっていると感じた女性のことは、気になります。

　恋愛が始まる時に、隙はスパイスです。ただし、一歩間違えると軽いオンナに見られてしまいます。

　隙がある女性と軽いオンナの違いは、ちょっとしたさじ加減。もちろん、隙を作るためにも女性からのアクションが必要不可欠ですが、あくまで相手の心をくすぐるのみ。「心を許しているな」と思わせ、男性から声をかけやすいタイミングを作る程度にとどめましょう。

　一番大切なことは、あなたが「いいな」と感じている特定の人にだけ隙を見せることです。出会いの可能性を広げたいからと、不特定多数に隙を見せていると、軽いオ

ンナというレッテルを貼られてしまうかもしれません。

　また、隙は瞬発力。一瞬見せる表情や何気ない行動など、短時間で勝負しましょう。終始ガードが緩んでいると、だらしないオンナに見えてしまいます。

　ちなみに、色気は必要ありません。胸元がざっくり開いた洋服や派手なメイクは、遊び慣れている印象を与えるものであって、隙ではありません。女性から見ても、同性の過度な露出はギョッとしますよね。ポイントは清潔感。それ以外は、普段通りのあなたでいいのです。

とりあえずキスしてみる

　とっても大胆ですが、気になる男性に「キスしよう？」と明るく言ってみるのもおすすめ。

　ものすごく勇気も必要な一方、ジリジリと駆け引きする必要がなくなります。駆け引きは、結婚をしたいあなたの大敵です。時間がもったいないですし、実は駆け引きをする女性は、男性にとっても少々面倒な存在です。

女性からキスに誘って「とんでもない女だ」と引く男性は、案外少ないものです。私の周りにいる男性に意見を聞いても、「女性から来てくれるなんて嬉しい」「積極的な女性は大歓迎」という声も多く、草食系男子が多いこの時代向きのアクションでもあります。むしろキスで引いてしまう男性は見込みがないと、諦めがつくというもの。

　また、キスを通じて相手が自分にとって OK か NG か、直感的にわかります。よく、SEX の相性がいい男性とは長続きする、なんて言いますよね。これは、遺伝子レベルで相性を判断しているからだと思うのです。でも、いきなり SEX に誘うなんて、それこそ軽いオンナになってしまいます。そこで、キスの出番。キスにも SEX と同じことがいえるのです。もしかしたら、知的な人だと思っていたのに、なんて頭の悪いキスをするんだろうと幻滅することもあるかもしれません。でも、してみなければわからない。キスならこちらも大きな痛手を負わずにすみます。あまり大事と捉えず、結婚へ一気に近づきたければ、とりあえずキスをする。一度試してみてください。

13

出身地や出身校が同じ、
同窓会という出会いの場。

共通の話題が多く、地元も同じという同級
生は、結婚相手におすすめです。お互いの
家族や家庭環境のことも知っている仲な
ら、さらに距離が近づきます。

古い付き合いを見直してみましょう。なかでも同窓会。おすすめである理由に、まず、お互いの顔を知っている安心感があります。そこへ久しぶりに会うドキドキ感が加わることで、恋が生まれやすくなります。

　また、同級生には共通点が多いですね。地元が同じで、幼い頃の経験も共通している。家族や家庭環境も知っていれば、さらに話は早い。共感ポイントが多いことで話題が盛り上がり、好感を抱きやすくなります。

　恋愛において、一緒にいて会話が盛り上がるかどうかは重要なポイント。思い出話に花が咲き、かつてはなんとも思っていなかった相手でも、育った環境が似ていると価値観も似ていて、一気に距離が縮まります。

　さらに、同窓会は本当の自分を出しやすい場所。良いところも悪いところも知っていますから、見栄を張る必要もありません。

　何より、同窓会は共通の友人が集まる場なので、男性も遊び目的では口説きにくい（笑）。同窓会で芽生えた恋が結婚に発展しやすいのは、そんな事情もありますよね。

14

SNSは、さりげない
自己プロデュースがカギ。

現代のコミュニケーションツール、SNSも
出会いの場です。ただし、綴られる言葉や
写真には、案外人柄がにじみ出るもの。自
分らしく、かつ知性ある発信が必要です。

Twitter に Facebook、Instagram など。SNS は、友人知人はもちろん、知らない人ともつながることのできる現代ならではのコミュニケーションツールです。

　SNS 経由で学生時代の友人や前職の同僚と再会することも珍しくありません。ある意味、出会いの場ですね。

　ただし、言葉や写真だけだからと侮るなかれ。選ぶ言葉や写真のセンスに、パーソナリティが透けて見えます。

　ですから、アップする記事には気遣いが必要です。不平不満や悪口などは書かないでくださいね。また、リア充自慢の羅列では見る側からすれば辛い。バッチリの自撮りばかり並べている人も、大人の女性としてはアウト。自分の SNS こそ客観視しましょう。

　これは相手の SNS も同じです。会った時に好感をもった人の SNS がアウトな内容だったら、考え直したほうがいい。表面上はいい人でも、内面に難ありの可能性大です。

　また、SNS のコミュニケーションだけで、お付き合いや結婚を決めるのはいけません。人間ですから、実際に会って感じる生身のコミュニケーションが、大切です。

15

3分1ラウンドで、
お互いを褒め合ってみる。

褒め上手、褒められ上手は魅力的。どちらも練習次第で身につきますが、まずは積極的に褒めてみます。ネガティブな言葉は使うと見た目にも表れるので、使用禁止！

褒められて嫌な気持ちになる人はいませんよね。なぜなら、人に認められたいという"承認欲求"は、人間の中でも比較的強い欲求だからです。人は褒められると、脳内の線条体という部位の活動が活発化し、「お金（報酬）を得た」というのと同じくらい喜びを感じるそうです。

　ただし、日本人は欧米人などに比べると、控えめであることをよしとする文化の中で育っています。だから、相手を褒めることはできても、自分が褒められることに慣れていない人が多いのも事実です。

　そこで、もっと褒めることから始めてみます。

　まずは時間を決めて、友人を積極的に褒める練習をしてみてください。たとえば3分間、相手の「いいな」と思ったポイントを言葉に出してみます。その際に、「私は素敵だと思う」など、一人称で伝えると、相手はあなたが認めてくれていると実感できて、さらにいいですね。

　また、褒めることは、あなたにとってもいい影響があります。あなたが誰かを褒める言葉を発した時、最初に聞くあなたの「脳」が、発した褒め言葉を「自分に言って

いる」と認識します。つまり、人を褒めている時でも、あなた自身を褒めていることになるのです。その結果、自己評価が上がり、自信がついていきます。

褒め言葉への正しい返し方

褒め上手はもちろん、褒められ上手も魅力的です。変に謙遜することなく、相手の言葉を受け取ることができる人は、素直で正直といった印象を与えます。

また、褒められる回数が増えれば増えるほど、自信もつきます。自信のある人は、見た目にもエネルギッシュで余裕が感じられます。人間は、自信のない人より、あふれている人についていきたくなる生き物でもあります。

褒められたら意識してほしいのは、相手の言葉を否定しないこと。たとえば「素敵ですね」と言われたのに、謙遜して「そんなことはありません」と返すと、褒めてくれた人への否定か、さらに褒め言葉をねだっているように見えかねません。

また、「私なんか」と謙遜するあまり、自分を卑下するのもやめましょう。日本には昔から "言霊" という表現がありますが、ネガティブな言葉を発し続けると、不思議なことに見た目にも表れます。謙遜する代わりに、「ありがとうございます」と返せばいいのです。

　ここでもうひとつ注意すべきは、上から目線で返さないこと。いくらポジティブな返事でも、答え方次第で偉そうに聞こえてしまう場合もありますから、ユーモアを加えてみてください。たとえば「今日の服、すごく似合っているね」と言われたら、「いつもでしょ♪（笑）」と明るく返す。きっと、そこには笑顔が生まれます。

　まずは相手を褒めることから。自分を褒めてくれる人のこともまた、人は褒めたくなるものです。

男と女、兄弟姉妹で褒め方は違う

　では、どんな人も同じように褒めればいいかといえば、そんなことはありません。

男性の場合は大きく、女性は小さなことでも構わないので、コンスタントに褒めます。たとえば見た目なら、男性には「今日の○○さん、キマッてますね」、女性の場合は「新しいネイル、かわいいですね」といった具合です。

また、男性はスキルを褒めると、さらに喜びます。「仕事ができますね」「力持ちですね」「走るのが速いですね」など。女性なら、「今日のコーディネート、色合わせが素敵」「そのバッグ、どこで買ったんですか？」というふうに、センスを褒めるといいでしょう。

さらに、兄弟姉妹ではタイプが違い、くすぐられるポイントも異なります。それぞれの特徴をまとめてみました。

兄弟姉妹の心をくすぐるポイント

◎ 長男 …… 闘争心、ライバル意識

◎ 次男 …… 活発、傷つきやすい心

◎ 長女 …… 高い能力、リーダーシップ

◎ 次女 …… 甘え、傷つきやすい心

長男長女は、人を導いたりまとめたりすることが得意なタイプが多い傾向にあります。一方で、自分の思い通りにしたいという、王様女王様気質を持ち合わせている場合もあります。「さすが！」「頼りにしています」「尊敬しています」など、相手を立てる言葉を選んでくださいね。

　次男次女は、自由奔放なタイプが多いのですが、傷つきやすい一面も持ち合わせている傾向にあります。これは幼少期、兄や姉のお下がりばかりだった経験や、親が抱く長男長女への期待を肌で感じてきたからです。空気が読める人ともいえるので、「素敵」「好き」「かわいい」など、ストレートな言葉で褒めると喜ばれます。

　ちなみに末っ子や一人っ子の場合は、独自路線をいく人が多いように感じます。これは母親と１対１の関係のまま育つことが多いため、大切にされたという意識が根付いている証拠。母親の影響も大きく受けています。

褒め言葉集

● まず、使うべきは「さしすせそ」

相手が聞きたい言葉や言ってほしい言葉はサ行にあるとされます。好印象をもたせつつ聞き上手に見えるので、男女関係だけでなく、職場でも活用してくださいね。

さすが／信頼（信用）できる／すごい・素敵／センスがいい／尊敬する

● 褒める相づち

相手を肯定する言葉を中心に、あなたに関心があるということが伝わる言葉を選びます。なかでも「なるほど」は、誰にでも使いやすい言葉です。

いい／参考になる／知らなかった／なるほど／教えて

● 女性から男性に向けて

自尊心をくすぐる言葉を女性にかけられると、男性は素直に嬉しいと感じます。また、器の大きさを感じさせる表現もおすすめです。

明るい／あたたかい／頭の回転が速い／安心／いい人／生き生きしている／一番／一緒にいると楽しい／一生懸命／運動神経がいい／笑顔がいい／おいしそうに食べる／落ち着きがある／男らしい／賢い／カッコいい／勘がいい／頑張っている／気が利く／空気が読める／元気／行動力があ

る／爽やか／幸せそう／しっかりしている／自慢できる／社交的／集中力がある／出世しそう／趣味がいい／正直／将来有望／芯が強い／親切／鋭い／責任感がある／積極的／存在感がある／助けになる／楽しい人／頼りがいがある／堂々としている／度胸がある／友人が多い／努力家／似合う／ノリがいい／働き者／ハッキリしている／話しやすい／判断力が高い／雰囲気がいい／前向き／真面目／面倒見がいい／約束を守る／優しい／やる気がある／ユーモアがある／優秀／指がきれい／夢がある／リーダーシップがある／理想的／立派／礼儀正しい／冷静／話題が豊富

● **女性から女性に向けて**
同性であれば、その人らしい細部を褒めること。嫌みにならないよう、タイミングや言葉選びにも気を配って。

愛想がいい／明るい／あたたかい／安心していられる／生き生きしている／一緒にいると楽しい／一生懸命／笑顔がいい／落ち着きがある／かわいい／頑張っている／気が利く／行動力がある／個性的／幸せそう／姿勢がいい／しっかりしている／自慢できる／社交的／集中力がある／趣味がいい／芯が強い／親切／責任感がある／存在感がある／助けになる／楽しい人／友人が多い／似合う／ノリがいい／肌がきれい／話しやすい／華がある／品がいい／雰囲気がいい／ほっとする／前向き／面倒見がいい／優しい／指がきれい／理想的／料理上手／礼儀正しい／話題が豊富

16

男性との会話は、
15秒が勝負。

男性と女性では脳の構造が違うので、ヒアリングや言葉の意味を理解する能力が違うそうです。できるかぎり簡潔に、わかりやすく話すと、会話が盛り上がります。

女性の多くはおしゃべりです。米国のメリーランド大学によると、1日で話す言葉が男性は約7000語に対して、女性は約2万語だそう。また、世界中でベストセラーとなった『話を聞かない男、地図が読めない女』(主婦の友社)の著者であり、人間行動学研究者のアラン・ピーズ氏は、言葉の数が違うのは脳の構造の違いにあるといいます。さらに、脳の性差を研究する新井康允先生の『男脳と女脳こんなに違う』(河出書房新社)によると、左脳にある言葉を理解するための神経細胞密度が、女性のほうが高いそう。右脳と左脳をつなぐ脳梁も女性のほうがより大きく、左から右へ言語情報が多く送られます。つまり、女性は男性より言葉の意味を理解する能力が優れている。

　だから、一生懸命に事の顛末を話したのに、「(彼や夫に)伝わらない」「(彼や夫が)話を聞いていない」と怒らないでくださいね。彼らは、聞いていないのではありません。その証拠に、ポツンとつぶやいた何気ない一言はよく憶えています。男性との会話は、ひとネタ15秒に収めてみましょう。簡潔にすることで会話がポンポン弾みます。

17

オシャレになりたければ、
何事もまずは
整えることから。

恋愛や結婚において、女優やモデルのように着飾る必要はありません。全体をバランス良く整え、清潔感がある女性のほうが、男性からすれば魅力的に映ります。

オシャレに対する考え方は、人それぞれです。では、男性の心をとらえる時に、本当に必要なオシャレってどんなものでしょうか？　仕事をする時にも共通していえることですが、恋愛や結婚の場合は、やりすぎないことです。

「薬用養命酒」のTVCMなどでおなじみですが、東洋医学によると、女性は7の倍数で年齢の節目を迎えるそうです。これは"節目年齢"といわれ、体に変化が訪れるタイミング。

　21歳で体ができあがり、28歳で女性として体が最も充実。35歳で容姿の衰えが目に見えてわかり始め、肌や髪のケアをより入念にする必要が出てきます。また、婦人科系のトラブルにも注意が必要な年頃と考えられています。さらに42歳で白髪やシワが目立ち始め、心身の不調が起こりやすい状態に。血行を良くするなど、体を温めることが必要です。

　実際、30歳を迎えた頃から徐々に肌荒れが気になったり、髪の質が変わったり、太りやすくなったりと、自覚

症状が出る女性は多いですね。「今までと同じ生活ではいけない！」と、危機感を覚え、メイクやダイエットに必死になる女性が増えていきます。

目指すは、整えられた"バランス美人"

　ある程度、流行を知った上でオシャレをすることは大切です。しかし、やりすぎている女性が魅力的に見えるでしょうか？

　TVで見かける女優や雑誌を飾るモデルは、痩せてメイクもばっちり。あんなふうに年を重ねたいと憧れる気持ちはわかります。しかし、彼女たちは美しくあることが仕事。その美を一般女性が自分に当てはめて似た姿を目指すことは、多くの男性から求められていません。むしろ、あまり歓迎されないと思ったほうがいいでしょう。

　男性が好むのは"バランス美人"です。太っていることや容姿に自信がないことは、選ばれない理由になりません。表情やファッション、体形、髪形、メイクなど、全

体のバランスが取れていれば、好感度は高いのです。

　それなのに、多くの女性が躍起になってしまうのは自己満足。痩せた自分、メイクばっちりの自分でいないと、イケていないような気がして、病的になる女性もいます。

　また、男性よりも同性の目を気にして着飾る女性も多いですね。たとえば、似たようなバッグを何個も買ってしまう。これは男性にアピールしているのではなく、細かな変化を見逃さない女性へのマウンティング（P130）。男性からすれば違いがわからないのに、つい張り合ってしまうのです。

　いずれも恋愛や結婚においては、あまり意味のないことです。男性にとって女性の見た目で大切なことは、着飾っていることよりも、全体が整えられていることです。

18

とりあえず歩きださないと、
どんな目的地にも着けない。

まだアクションすら起こしていないのに、
「結婚できなかったらどうしよう」と悩み
続けるのはやめます。一度きりの人生、今で
きる限りのことをしてみましょう。

アップルの創設者としても知られる故スティーブ・ジョブズさんが、こんな言葉を残しています。「自分はいつか死ぬという事実を覚えておくことは、自分には失うものがあるという考えを避けるのに最良の方法。自分は何も持っていないと考えると、自分の心に従うしかなくなる」

　自分からアプローチすることは、勇気がいります。その存在が大切であればあるほど、そして友人や仕事関係など、今後も付き合いが続く可能性が高い人なら、なおさらです。一歩を踏み出せないのは、自分を守りたい気持ちがあるから。これは悪いことではありませんが、ガチガチに守りを固めると、チャンスを逃すこともあります。

　恋愛や結婚のきっかけは、告白だけではありません。日常の、些細なことからすれ違ったりかみ合ったりします。一度きりの人生、「結婚できなかったらどうしよう」と悩むくらいなら、今できる限りのことをしてみませんか？

　何もアクションを起こしていないのに、ただ悩んでいる人は、周りも応援する気が起きません。堂々と、恋愛や結婚に向けて頑張っている人は、すがすがしいものです。

19

"結婚を前提とした出会い"が
近道。

結婚に向けて時短したい、確実な相手と出
会いたいと考えているのなら、お見合いと
いう選択をしてみます。一組の男女が出会
うという意味では、恋愛結婚と同じです。

"結婚を前提としたお付き合い"って、誠実な響きで憧れます。でも悲しいかな、申し込んでもらえる保証は、どこにもありません。そこで私が提案したいのは、昔ながらのお見合い。今さら？　なんて言わないで、ちょっと聞いてください。

　少子高齢化をはじめ、人口問題に関する調査研究などを行う国立社会保障・人口問題研究所の調べでは、1965年頃、お見合い結婚から恋愛結婚に、多くの男女がスイッチしました。

　戦前にはおよそ70％を占めていたお見合い結婚は、年々減少。恋愛結婚と比率が逆転した後、1995年以降の結婚では10％を下回っています。

　恋愛結婚の増加は、女性の大学進学率の上昇や、高度経済成長に伴う女性の社会進出など、女性が活躍するようになった時代背景もあります。男性との出会いが、親や知人に与えてもらうものから、学校や友人の紹介、職場などで、自ら見つけるものになった。これらは喜ばしい半面、結婚率や、ひいては出生率の低下に結びついて

しまいました。

　こういった問題を改善するためにも……というと大げさですが、何より"結婚を前提としたお付き合い"に近づくために、お見合い結婚は一番の近道です。

　恋愛結婚はロマンティックな一方、なかなか結婚に結び付きません。結婚するまでにお付き合いした人は現在の夫だけ、という人は、案外少ないもの。2人、3人とお付き合いを重ねる中で、自分に合う人がわかり始める人が多いようです。恋愛では結婚できる確率が下がり、結婚するまでに時間がかかるのは、仕方のないことですね。お見合い結婚がメインだった頃は、こういった悩みは、ほとんどありませんでした。

お見合いのメリット

　日本の伝統的なお見合いは、信頼できる人の紹介で始まります。また、紹介者は、本人同士はもちろん、家同士のバランスが取れているかも加味した上でセッティン

グしてくれる。

　私は結婚してからのトラブルを3万5000件以上見て
きましたが、家同士の問題を抱えている方の多いこと！
結婚する前に、お互いの家庭を知ることができるお見合
いであれば、トラブルを未然に防ぐことができます。

　また、あなた自身が希望する結婚相手の条件も、明確
に伝えることができるのもいいところ。同居は避けたい
から長男はNG、収入や将来が安定した公務員がいい、
持ち家の人がいいなど。友人や知人から紹介を受ける時
に、現実的な条件を出すとドライだと感じられますが、
お見合いでは遠慮なく条件を伝えてOK。それが、より良
い結婚につながります。これが、お見合いの最大のメリッ
トかもしれません。

20

年の差は、ハードルに
カウントしない。

安定や安心を与えてくれる年上と、女性が
リーダーシップを取れる年下。両方良いとこ
ろと悪いところがあるけれど、年の差婚は
人生を豊かにしてくれること間違いなし。

2011年に、新語・流行語大賞にも最終ノミネートされた「年の差婚」。今では当たり前に使われている言葉で、年下と結婚するタレントがTVを賑わせたりしています。

　厚生労働省の人口動態統計を見ると、2000年以降で7歳以上年上の男性と結婚する女性は微増中。また、結婚式場や結婚披露宴の運営などを行うアニヴェルセル総研の調べによると、未婚の男女のうち、13歳以上の年の差婚をOKとする人は男性で約18％、女性は約24％。最も多かった回答が、男性は4〜6歳年下までならOKの約40％。女性は7〜12歳まで年上ならOKの約34％です。また、同データによると、姉さん女房も当たり前になっています。既婚・未婚ともに、女性が4歳以上年上でも構わないと答えた男性が、約50％に上りました。

　このように、今や年齢の差は結婚の大きなハードルにはなりません。むしろ草食系男子が増えたことで、プロポーズできない（しない!?）20代男性も増加。私のもとへも、同年代の彼氏の煮え切らない態度に悩む女性の相談が増えています。同年代と結婚したいと願う一方で、

彼女たちは、結婚対象を年上にシフトしつつあるようです。

また、30代後半〜40代の女性から「いい人を紹介して」とお願いされ、50代の方を紹介しようとすると、「50代は嫌」と言う。老後の余生を2人でゆったり過ごしたいから、死別や介護はなるべく先がいいというわけです。

どちらの気持ちもわかりますが、結婚相手を年齢で選ぶと、視野を狭めるので、まず見るのは人柄。年齢はその人を構成する要素のひとつでしかありません。

年の差婚を知る

男女に共通して言えることですが、年下年上、どちらと結婚する場合もメリットとデメリットがあります。

一般的に、年上と結婚すれば経済的・精神的に安定し、自分のわがままを通しやすくなると考えられています。デメリットは、自分の成長が見込めないこと。一方、年下との結婚はリーダーシップは取れますが、浮気される可能性が高くなる。

また、両方に共通するメリット・デメリットは、世代が違うこと。違うゆえに知らない世界を垣間見れる楽しみがある一方で、共感しにくい面も。生きてきた年代が違うと、聴いてきた音楽や見てきた映画・TV、眺めてきた風景が違うため、価値観の相違が目立つ場面もあります。

　加えて、とくに年上の男性と結婚する女性が気をつけるべきことがあります。ひとつは、父親への結婚報告。10歳程度の年上ならまだしも、親子ほど年が離れている彼だと、やはり親心は複雑です。父親と彼の仲がうまくいくよう、伝え方は慎重にしてください。反対の理由が年の差だけなら、時間をかけて説得します。もうひとつは、人前であまりベタベタしすぎないこと。年下のあなたがかわいい一方、男性の多くは人前でベタベタすることに抵抗があります。彼が周りからどう見られるかにも、配慮しましょう。

　ハードルも多い年の差婚ですが、人生をより豊かにしてくれる結婚のかたちのひとつです。同級生、同世代だけに絞っていた人は、その縛りを解き放ってみましょう。

21

「オンナは元カレを
引きずらない」という
定説に隠されたホンネ。

ひとつの恋愛が終わるごとに、気持ち
をリセット。常に新しい気持ちで出会
いと向き合います。過去の栄光を思い
出して、いいことはあまりありません。

一般的に、男性と比べて女性のほうが、過去の恋を引きずらないといわれています。それって本当でしょうか？

　私の周りを見渡すと、案外、過去の恋愛もしっかり覚えている女性は多いように感じます。初恋の相手や、思春期など多感な時期に付き合った彼なら、なおのこと。記憶していること自体が悪いわけではありません。しかし、過去を美化してひとりで思い出に浸ったり、「あの時、こうしておけばよかった」と、今さら考えても仕方ないことでクヨクヨ後悔するのはよろしくありません。

　ちょっと厳しいことを言いますが、別れた相手を忘れないでいるのは "一途" ではなく、現実を受け止めきれない "弱さの表れ"。あるいは、"頑な" ともいえます。

　だから、ひとつの恋愛が終わるごとに気持ちをリセットしましょう。リセットの方法がわからない人は、彼と出会う前の自分に戻っただけ、と受け止めてくださいね。

　なかには、彼氏と別れる＝自分自身の一部が失われてしまった、と感じる人がいます。それは間違いですよ。別れはあなたをマイナスにするのではなく、ゼロの状態に

戻るだけ。「彼がいない自分なんて」と落ち込むのではなく、次の出会いに向けて、真っさらな自分に戻ることができたと考えてください。

自分の"商品価値"を分析する

　過去の栄光を忘れることも、結婚に向かうために必要です。「あの人の、こういうところが素敵だった」「あの時に別れたけれど……」なんて、過去にお付き合いした人すべてを鮮明に記憶していて、いいことはありません。また、「2人目の彼の顔と4人目の彼の収入があれば」などと、現実離れした想像をするのもやめましょう。自分にとって都合のいい人は、この世には存在しません。ありもしない人を探し続けることは、あなたの心の無駄使い。気を取られているうちに、新しい出会いがあっても見逃しかねません。

　過去にとらわれ、高望みをしてしまうのは、あなたが自分の"商品価値"を冷静に分析できていないからかもし

れません。自分のことは、客観視しづらいものです。だから、年齢を重ねても、いつまでも変わらないつもりでいてしまう。メイクやファッションがある時代で止まってしまう女性も、その表れでしょう。一番いい、輝いていると感じていた過去の時代に憧れたまま、今の自分を冷静に見つめることができないでいます。

　だから、まずは鏡の中の自分をチェックしてみます。今のメイク、髪形は、年齢に見合っているでしょうか？クローゼットの中は？　日々の持ち物は？　そして、メールや電話、会話で使っている言葉は？

　愛嬌だけで通用するのは20代まで。30代からは、気遣いや言葉遣いなど、人間性や仕事力なども問われ始めます。さらに40代からは、面倒見の良さやお金の使い方など、人生をどう生きてきたかが問われ始めるでしょう。見た目でいえば、20代は好きなスタイルを貫いても良いと思います。しかし30代からは、清潔感や全体のバランスなど、トータルで整っていることが大事。40代からは、若さに媚びない、等身大の女性が魅力的です。

CHAPTER-2

結婚を見て見ぬフリしてしまう

22

結婚は、
笑えるエピソードの
宝庫かもしれない。

幸せな結婚生活が送れるかどうかは、誰にもわかりません。でも、夫婦にしか重ねられない思い出はたくさんあります。未知の世界をネガティブに捉えるのはやめましょう。

カフェで、ファミレスで、居酒屋で。おそらく独身、妙齢の女性たちが顔を突き合わせて、結婚そのものや、先に結婚した友人のことを批判している……こんな光景、見かけたことがありませんか？

「まだ若いのに、結婚するなんてもったいない」「なんであんな人と結婚したんだろう？」「焦って結婚したんじゃないの？」。彼女たちが並べる言葉は辛辣で、私は同性として耳を覆いたくなります。果たして、男性がその会話を聞いたら、どのように感じるでしょうか？

　そもそも、女性がたむろして何かを批判する姿は美しいものではありません。負け惜しみを言い、結婚ができない似た者同士で傷を舐め合っているように見えます。

　批判は劣等感の表れでもあります。誰かを悪く言って一時的に引きずり下ろすことで、自分の劣等感を忘れようとしているのです。しかも、似た境遇の何人かで同調し合うと、あたかも楽しいことのように感じ、一時的に優越感や一体感が生まれたような錯覚さえ起こります。

　一方で、一緒に批判している相手の二面性に対して、

不信感も生まれます。自分がいないところで（自分の）悪口を言われているのでは？　この人の前では本心を出せない……。悪口を言うことでつながっている（ような気になっている）人間関係は、とても脆いものです。

結婚は、夫婦の"すべらない話"を増やす作業

　未知の世界をネガティブに捉えるのはやめましょう。知らないことは、決して悪いことではありません。むしろ、そのほうが、新しく知る楽しみがあると思います。

　しかし一方で、未知の世界には漠然とした不安があります。そこが楽しいのか、それとも苦しいのか、想像ができないから皆目見当もつかない。

　結婚を批判してしまうのも、不確実な幸せ像があるからかもしれません。そもそも結婚できるかどうかなんて、どこにも保証がありません。また、結婚できたとして、幸せな生活が送れるかどうかもわからないですし、未婚者にとって結婚は具体的にイメージしづらいはずです。

でも実は、幸せな結婚生活が続くかどうかは、結婚している人たちにだってわからないんです。

　結婚は、血のつながりがない他人との生活です。自分とは異なる文化をもつ異性と、結婚というスタートをきっかけに力を合わせていくことで、ひとりでは作ることのできない思い出を重ねて、新しい文化を創る。

　TVで芸人さんたちが"すべらない話"を披露する番組がありますね。結婚で重ねる思い出は、まさに夫婦だけのすべらない話の宝庫。私の周りにいる多くの夫婦に話を聞くと、みんなそれぞれにエピソードをもっています。

　もちろん、それらがすべて、初めから笑えることばかりではありません。今だから笑って話せますが、当時は大変だったことや悲しかったこともあります。それらを、夫婦で一緒に乗り越えたからこそ、明るく笑い飛ばせると思うのです。

　人の結婚を悪く言う暇があったら、"とりあえず"結婚に向けて動きだしましょう。悪く言うのは、あなた自身が経験してからでも遅くないと思いませんか？

23

結婚相手に望む条件は3つまで。

身の丈に合わない不釣り合いな高条件を、結婚相手に望むのはやめます。あなたと似た価値観、境遇の相手と出会うための条件を3つ、考えてみましょう。

高学歴、年収700万円以上、身長175cm以上。優しくてルックスが良く、親と別居、飲酒喫煙なし……。理想の結婚相手に、多くの条件を挙げ連ねていませんか？

　こうした結婚相手に望む理想の条件を備えた20代男性は、1/400。それらの条件を3つに絞っても、40人に1人になるといわれています。これではまるで、クラスで一番人気の男の子と付き合うようなもの。理想にこだわりすぎると、結婚のチャンスを逃すかもしれません。

　"似た者夫婦"という言葉がありますが、心理学では、人は内面や育った環境が自分と似ていると好感を抱くといわれます。似ている部分が多ければ多いほど、お互いの考えが理解しやすく、安心感や心地良さを生みます。

　だから、たとえ3つでも、共感しづらい不釣り合いな条件を挙げるのは、おすすめできません。結婚で大事なことは、ありのままのあなたでいられる相手かどうか。

　条件の絞り方がわからない場合は、①「いい人」と感じられるか、②金銭感覚が似ているか、③家庭環境に共感できるか。この3つを軸として考えてみてください。

24

年収700万円の男性より、
世帯年収700万円のほうが
笑顔の多いワケ。

養ってくれる人を前提に結婚相手を探さないこと。万が一、離婚をすることになったり、相手が稼げない状況になっても大丈夫なように、夫婦共働きがベターです。

未婚女性が挙げる結婚相手への条件に、" 年収 700 万円以上 " の多いこと！　つまり、自分が専業主婦になっても、ゆとりのある暮らしができる金額というわけです。

　90 年代に専業主婦世帯と共働き世帯がスイッチして、現在では共働き世帯のほうが多くなりました。一方で、2012 年の博報堂生活総合研究所「生活定点」調査によると、20 代女性の 3 人に 1 人が専業主婦になりたいと回答。

　なかには男性から「家庭に入って」と望まれる場合もありますが、彼らは自分の仕事や収入にプライドをもち、自分を支えてくれる女性を求めます。支えたいなら別ですが、女性も働くほうが人生の自由度が高まります。

　また、年収 700 万円以上の収入がある、20 〜 30 代前半の男性は決して数多く存在していません。民間給与実態統計調査の結果によると、2015 年の男性平均給与は、514 万円。理想には足りません。しかし、たとえば夫婦で 300 万円ずつ稼げば、世帯年収は 600 万円になります。

　稼ぐけれど仕事で家を不在にしがちな夫より、夫婦で収入も家事も支え合うほうが、素敵な気がしませんか？

25

「忙しい」という口癖は
悪魔の呪文。

本当は忙しいけれど、それを理由にしない
人は、時間の使い方が上手＝仕事がデキる
イメージ。また、周りも遊びや食事に誘い
やすく、出会いのきっかけも広がります。

暇な仕事など、ありません。私も仕事が好きですから、言いたくなる気持ちはわかります。でも、「仕事が忙しい」は出会いのチャンスを失う悪魔の呪文です。なぜなら"忙"は、心を亡くすと書きます。ところが、忙しい人ほど恋愛上手。たとえば、NON STYLE の井上裕介さんは、「M-1 グランプリを獲った時が一番女の子と遊んでいた」と、著書『マイナスからの恋愛革命』で語っています。彼の場合は、時間を上手に使ったことがカギですね。

「仕事が忙しい」と言う人は、目の前の物事に集中しがち。本当は周りの人にお願いできることも抱え込み、今日やらなくていいことまでやろうとする。だから無理が出て、時間も足りなくなります。これでは気持ちの余裕もなくなり、恋愛のことまで考えられません。

　とはいえ、仕事を頑張らなければならない時期もあります。そんな時、思い出してください。その仕事は、あなたでなければできないもの？　そして、結婚を先送りにしてまで、やらなければならないもの？　恋愛や結婚を仕事と両立している人は、さらに輝いて見えますよ。

26

恋に不必要なプライドを捨てた女性は最強説。

自尊心の高さで損をしていませんか？　あなたが本当に守りたいものはなんでしょうか？　"プライド"という言葉の意味を、もう一度考えてみましょう。

90年代にドラマ主題歌としてヒットした、今井美樹さんの「PRIDE」。恋をした女性が、「今は恋人を愛することが私自身のプライド」と考え、生きていくというもの。

結婚できないと悩む女性に共通するのが、この歌に共感しづらいということ。相手を想い、信じ、ついて行く。一見、"自分"がないように感じますが、実は相手のわがままを許して包み込む、強い女性だと私は思います。

"プライド"の意味は、"誇り"と"自尊心"。自尊心ばかり高くなっていませんか？　たとえば、男性に女性である自分からアプローチするのは嫌だ。私はハイブランド好きだから、同じようなブランドを身につけている男性でなければ自分にふさわしくない、など。

傷つきたくないから、そして自分のイメージを壊したくないから？　表面的なことで否定して、男性をきちんと見ていないとしたら、もったいないことです。つまり、余計なプライドが目を曇らせ、感覚も鈍らせてしまうのです。

あなたが求めていることはなんですか？　目線を変えて「PRIDE」を聴いて、その意味を反芻してみてください。

27

パンツを忘れたからといって、
海外旅行で死ぬことはない。

"準備不足"だから結婚できないのではあり
ません。むしろ、準備に気を取られるあま
り、出会いのチャンスを見逃したり結婚を
先送りするほうが問題です。

結婚するために "準備" ばかりする人がいます。貯金、料理、エステにダイエット。自分磨きは悪いことではありませんが、結婚をするための準備が完了することは、いつまでたってもありません。なぜなら、準備しているうちに「これができない」「あれが足りない」と、準備不足に気づくからです。今度はそれを補う努力もするうちに、結婚したいと思っていた年齢が過ぎてしまいます。

　準備には努力と労力が必要です。でも、その努力を突き動かしているのは、あなたが思い込んでいる理想です。別に、結婚相手が望んだわけではありませんよね。

　準備をする人には、完璧主義者が多いように感じます。また、完璧を求める人ほど独身率が高い印象も。相手に厳しい以前に、今の自分は結婚するのにふさわしい状態ではないと、自分自身にも完璧を求めがちだからです。

　結婚は、準備しなければできないものではなく、むしろ、今のままのあなたを受け止めてくれる人とするべき。貯金も料理も、すべて結婚相手から望まれた時（できれば結婚後）に向き合えば、十分間に合います。

28

"とりあえず" という気持ちで
結婚をスタートしたら、
そこからは上がる一方。

結婚を幸せのピークにするのではなく、結
婚した後に続く生活で、少しずつ気持ちが
盛り上がっていく。"とりあえず"で始めた結
婚は、長く幸せが続くかもしれません。

たとえば、高校の同級生と10年間付き合った末にゴールイン。映画や漫画の世界みたいで憧れますが、結婚後の生活は、ちょっと新鮮味に欠けるかもしれません。なぜなら、長く付き合えば付き合うほど、相手のことを知り尽くしていくからです。

　結婚相手が、どんなことをすれば喜んでくれるのか。逆に、何をされるのが嫌なのか。そして、どんなものが好きで、どこに行きたいと思っているのか。相手の情報が多ければ多いほど、ぶつかり合うことも少なく、その関係は穏やかでしょう。一方で、発見するおもしろみは少しずつ減っていきます。

　反対に、知らない部分が多いと、喧嘩したり幻滅したりすることもあるかもしれません。でも、結婚する時には、相手に未知の領域を残しておくほうが、絶対に楽しいと思うのです。

　結婚生活は、あなたが想像しているより、ずっと長い。そして、その大半は"日々の生活"です。旅行やイベントごとばかりではありません。だから、結婚してから見つ

ける楽しみを残しておくといいと思います。

　何気ない普通の日々の繰り返しの中で、ふと「あれ？こんな一面あったんだ」なんて発見するのは、とても嬉しいものですよ。

"とり婚"のすすめ

　間違えてほしくないのは、結婚は幸せへのゴールではなく、スタートラインだということ。結婚することが目標でありゴールであれば、結婚後の気持ちは盛り下がるばかりです。

　幸せな結婚生活のポイントは、結婚した後もますます相手への気持ちが盛り上がることです。そこで、おすすめしたいのが、"とりあえず"結婚してみること。つまり"とり婚です。"結婚を、とりあえず!?　と、驚かせたらごめんなさい。でも、それぐらいの気持ちでしてみると、結婚前より結婚してからの時間を、心豊かに送ることができると思います。

極論ですが、始まりは「いいな」と好意を抱いたぐらいでもOK。「何だか気が合うな」からもいい。「ありかも」と思ったら"とり婚"して、一緒に暮らしてみると、「ここも素敵」「あそこもいい」と、相手の良いところを日々発見。評価が上がっていくのは楽しみですね。

　これって実は、相手に期待しすぎないで結婚生活が始まっているからなんです。もちろん、相手に"とりあえず"などと伝える必要はありません。

　相手のことを今よりもっと好きになれる可能性を秘めている、"とり婚"。いいなって、思いませんか？

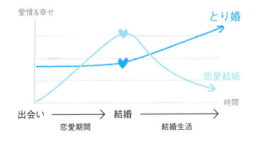

29

やらなかった後悔に
潜む闇は深海並み。

年齢が上がれば上がるほど、独身女性が結婚することは難しくなります。貫禄が身につきすぎる前に結婚を。そしてできれば、出産への決断は早いほどいいと思います。

仕事や趣味など、人生を充実させる方法は、たくさんあります。でも、これらは結婚してからでもできますね。

　独身女性に、「趣味があれば幸せ」「自由に生きられる今が好き」と言う方がいます。それは本音ですか？

　未婚率は年々上昇しています。総務省統計局の国勢調査（2010年）による女性の独身者は、25〜29歳で約60％、30〜34歳は約35％、35〜39歳は約30％、そして40〜45歳で約26％。つまり、アラフォー女性の4人に1人が独身です。2005年の国勢調査にさかのぼり考えると、40〜44歳女性が5年後（2010年）に結婚した確率は4.1％、45〜49歳女性の場合はわずか1.3％でした。

　つまり、今アラフォーで未婚であれば、一生結婚しない人生を覚悟しなければならない現実がある。

　年齢が上がるにつれ、同世代の独身が周りに少なくなり、結婚したくてもできないという現状があります。しかし、熟女好き芸人で知られるピース・綾部祐二さんのように、年上との交際を望む男性も増えています。

結婚できない理由に、年齢とともに身についた貫禄が邪魔をするというパターンもあります。職場でリーダーシップを発揮し、私生活では高級店やおいしいものをよく知っていて、ひとりでなんでもできてしまう。自立した女性は魅力的な一方で、男性には、「彼女は僕がいなくても平気だ」と感じさせます。男性が結婚を意識する際、2つの欲求が関係します。相手を自分の思い通りにしたい"支配欲求"と、相手を守ってあげたいという"養護欲求"です。そういう意味では、姉御肌と見られてしまうアラフォーは結婚対象になりづらいといえます。

　年上に甘えたい男性の場合、恋愛対象としてはアリかもしれません。しかし、女性は基本的に男性を頼りたい気持ちもあり、残念ながら、年下の彼らを結婚対象として見ることは難しいことが多いのです。

出産しなかったことへの後悔は大きい

　私のところへ相談に来る方々を見ていると、姑や夫の

関係が悪くて離婚しても、結婚そのものや子どもを産んだことを後悔する人はいません。でも、一度も結婚をしたことがない方や、子どもを産むことなく産めない年齢になった方々の後悔は大きい。とくに出産に対する後悔は、ほかと比べようがありません。もちろん、結婚・出産だけが女性の幸せではありません。では、なぜ後悔するのか？

　ひとつが、親に孫を見せられない自分は親不孝者という意識です。自分はさておき、年老いていく親を安心させるためにも、産みたかったという女性は多い。

　また、同年代が結婚し子どもを産んだことで、見えない競争に負けた気持ちになるといった人も。子どもの話や夫への愚痴で盛り上がっていても、その輪に入ることができず、否が応でも自分の生活と比較してしまいます。

　事情があって産めない人もいるでしょう。産まない選択をする生き方もあります。しかし、もし結婚に臆病になっているだけだとしたら、“とりあえず”結婚する。そして、子どもを産み次世代を育てるという意識と、真剣に向き合ってほしいと思います。

121

30

実家からの電話に、
ときどき居留守を使ってみる。

あなたのキャリアを応援してきた母親が、
急に結婚の話をしてきても、気にしすぎない
こと。プレッシャーをかけているつもりはな
く、あなたの幸せを望んでいるのです。

独身女性の多くが30歳を越えた頃から抱える悩みのひとつに、周囲からの結婚へのプレッシャーがあります。

　就職で地元を離れている人が実家へ帰ったら、近所の人に「結婚はまだ？」と聞かれたり、実家からの電話で「○○ちゃんに、子どもが生まれたのよ」と聞かされる。職場や仕事相手から「彼氏いないの？」と聞かれ、彼氏がいたら「まだ結婚しないの？」なんて……。相手からすれば、何気ないコミュニケーションのひとつかもしれません。でも、やるせない気持ちになりますよね。

　とくに母親からの言葉は、プレッシャーに感じがちです。そんなこと言われたくないという気持ちがある一方で、優しい気持ちの娘ほど、孫を抱かせてあげられないことが申し訳なくて苦しい気持ちを抱えてしまいます。

　ただ、これは今に始まったことではなく、母親というのは、いつの時代も子どもの幸せを望む生き物。娘であろうと息子であろうと、子どもに、結婚して、幸せな家庭を築いてほしいと願うのは当然なのです。

　しかし中には、自分がかなえられなかった夢を子ども

123

に託すあまり、プレッシャーをかけすぎる母親もいます。

　子どもの頃、習い事や勉強で「お友達に負けるな」などと母親に言われた経験がある人は、その傾向を疑っていいでしょう。また、進学の時期に、「○○ちゃんは○○高校へ行くって」などと、さりげなくお尻を叩かれたことはありませんか？　生まれたばかりの頃は「健康に育ってくれればいい」と思っていたのに、習い事や進学、就職など、人生のステップを重ねる中で、「もっと頑張れるはず」と、子どもへの期待が大きくなっていきます。

　一方、子どもは母親の期待に応えたいと頑張ります。これはきっと、大人になっても変わらないはずです。習い事、勉強、進学、就職、仕事。母親の期待に合わせて、自分自身を磨き、順調にキャリアを積んできた。ところがある日、「まだ結婚しないの？」「早く孫の顔を見せてほしいわ」。それまで彼氏ができても叱られていたのに、突然、まるで異なる種類のプレッシャーを与えられたら、どんな気持ちになるでしょう。

プレッシャーとの付き合い方

　結婚や出産について、周りの言葉に流される必要はありません。なぜなら、どちらも、するのはあなた自身。だから、たとえば30歳を迎えたあなたに母親が、「なぜ結婚しないの？」と、急に手のひらを返すような言葉をかけてきたとしても、あまり気にしないでくださいね。

　ずっとあなた自身のキャリアを応援してきた母親が急に結婚の話をしてくる場合、大抵は友人に婿や孫がいるのを見て羨ましくなったと思っていいでしょう。子どもを介して、母親同士は時にライバルにもなります。うちはまだかしら？　と、新しい願望が浮かぶんですね。

　とはいえ、結婚も出産も経験したほうがいい。だから、母親からのプレッシャーには、少し前のめりに優しくこう返しましょう。「安心して。いずれ、するから」と。安心させた上で、結婚に向けてどうすればいいかを相談してみます。きっと、喜んで相談に乗ってくれるはずです。

31

解ける問題ではなく、
配点の高い難問から
解いてみる。

決断することが苦手な日本人。結婚を先送りにしてしまいがちなのは、リスクを避けているから。しかし、たとえ難しくても、飛び込めば大きなリターンを得られるかも。

結婚を先送りにしてしまうのは、結婚が、あなたにとって難問だからかもしれません。

　日本人の多くは、学校や塾などで「テストでは解ける問題からやり、難しい問題は後に回しましょう」と教わります。しかしこれ、海外の人からすれば、なぜ難しくても配点の高いものを解かないの？　と、疑問に感じるそうです。リスクを避け、安全なほうを選びがちな日本人にとって、効率的に正解を増やすほうが安心。人生がかかっているなら、なおさら。しかし、結婚に失敗はありません。浮気も喧嘩も離婚も、すべて"経験"です。

　結婚するために鍵となるのは、怖がらず行動する力や、やるかやらないのか決断力を高めることです。ビジネスの世界に"ハイリスク、ハイリターン"という考え方がありますが、結婚にも当てはまると思います。なんて、ちょっと怖がらせてしまったかもしれません。

　必要なのは飛び込む勇気。何事も"飛び込む"には思い切りが必要です。安全な場所から足が離れるのは、誰だって怖い。でも、飛ばなければ行けない場所があります。

127

32

フィットする
相手の見つけ方は
洋服選びと似ている。

たくさん出会って、たくさん失敗すること。
フィットする相手を見つけるためには、経験
が必要です。選んで決めることが苦手な人
は、セルフトレーニングをしてみましょう。

初めて自分の意思で洋服を買ったのはいつですか？
その洋服は、あなたに似合っていましたか？　おそらく、
あまり似合っていなかったと苦笑なさるでしょう。

　多くの人は30歳前後から、似合う洋服が選べるよう
になっていきます。たくさん見て、着て、失敗を繰り返
したからです。経験とともに、選ぶ目が育っていきます。

　自分にフィットする人を見つけられるようになるにも、
これと同じような経験が必要です。恋愛経験が浅いうち
は、自分に合う人を見つけることが下手で当然。経験を
重ねるうち、少しずつ、わかるようになります。

　選び方がさらに上手に、スムーズになるために、おす
すめしたいのは選んで決める練習。たとえば、通勤で同
じ列車の車両に乗り合わせた人の中から、なんとなく「い
いな」と感じる人をひとり選んでみましょう。ポイントは、
少ない情報の中で、具体的に何が良くて何はNGなのか
を明確にして決めること。この練習を、時に場所を変え
て繰り返すと、選ぶ速度がアップ。少しずつ、あなたに
フィットする男性像が見えてきます。

129

33

わかっちゃいるけど
身につかない「よそはよそ、
うちはうち」という考え方。

意味のないこと、たとえば女性同士で張り合うのはやめます。大切なのは、どういう相手と、どういう状況で過ごせば幸せか。それは、あなた自身を見つめ直す作業です。

友人の旦那様が商社マンだから自分も商社マンか、それ以上の人でないと結婚しないと言う女性がいます。それって本当に、張り合わなければならないこと？

　女性という生き物は、無意識に“マウンティング”しがち。つまり、格付けし合っています。漫画家の瀧波ユカリさんが名付けた“マウンティング女子”という言葉もありますが、これは女性同士に起こりやすい現象です。

　自分のほうが幸せだと感じたい。また、私は不幸じゃないと自分を納得させたい。そして、相手に見下されたくないという焦りから、勝てそうなカードを出してくる。小さな見栄やライバル心から張り合ってしまうのです。

　パートナーだけではありません。過剰にメイクすることも、バサバサとまつげエクステをするのも、新作が出るたびに似たようなバッグを持っていても買ってしまうのも。男性に向けてのメッセージというよりも、女性同士の競い合いと考えて良いと思います。

　あなたが一緒にいて楽しい人は、商社マン？　曖昧な“女の幸せ”に捉われず、“自分の幸せ”を大切に。

131

34

つるむ女性の周りには、
気がつかないうちに
男性を阻む壁ができている。

友人は大事。でも、あなたが結婚すること
も大事。結婚適齢期なら女性ばかりで騒ぐ
時間はほどほどに、ひとりで過ごしたり、男
性と会ったりする予定を優先してみます。

漫画家の東村アキコさんが描く『東京タラレバ娘』をご存じですか？　若い頃から仲良しのアラサー女性３人が恋愛に向き合うストーリーなのですが、彼女たちの何がいけないって、同じ友人とばかりつるんでいることです。

気を許した友人との時間は心地いいですね。耳慣れた会話、行きつけのお店。身勝手な愚痴にも同調してくれて、時には一緒に泣いたり怒ったり。

25歳までは OK。でも、結婚に適した年齢になっても、友人といる時間が圧倒的に多いなら、しかも、その友人がいつも同じメンバーなら、一度考えたほうがいい。

つるんでいる女性グループほど、男性が入り込みにくい世界はありません。２人ならまだしも、３人、４人と人数が増えれば、なおのこと。「女三人寄れば姦しい」という古い言葉がありますが、女性はおしゃべりな生き物です。３人も集まれば騒がしく近寄りにくいと周りが思うのは、今も昔も変わりません。

少し寂しいかもしれませんが、友人との時間はほどほどに。ひとりの時間や、男性との約束も大事にしてみて。

35

「結婚できないかも？」は、
後々考えるとまだ
マシな時だったという……。

お互いに独身の友人と約束した「老後、一緒に住もう」は、裏切られるとショックが大きい。言うのも言われるのも、避けます。どうしても不安なら、お試しという手も。

20代、30代と続いた周囲の結婚ラッシュが落ち着き、自分にはまだ結婚する予定がないという女性なら、友人とこんな話をした経験ありませんか？　「このままずっと結婚しないでひとりだったら、老後は一緒に暮らそうよ」

　友人同士の何気ない口約束と侮るなかれ。ある日、「私、結婚が決まったんだ」と、その友人に言われたら？　あなたは正直、裏切られたように感じてしまうかもしれません。

　これは、マラソン大会で「一緒にゴールしようね」と約束していたのに、先にゴールされてしまった時と同じ。ゴール目前になると途端に競争心が芽生えるのか、はたまた疲れから一刻も早く終わらせたくなってしまうのか、当初の約束は簡単にどこかへ行ってしまいます。しかも、先にゴールしたほうは、あまり気にしていない様子……。

　冗談交じりとはいえ、信じていた友人に裏切られたと感じるショックは大きいものです。自分はこんなことをしないようにしようと、反面教師として考えるでしょう。

　それがマラソン大会なら、今後の人間関係への反省になります。しかし、こと結婚に絡むとなると、冗談で済

135

まないこともあります。大切な友人と約束したからには、私が先に幸せになったら、どう言い訳しようと、自ら妙な足かせをはめることにもなりかねません。

　60歳を越えても独身であれば、約束をするのもアリだと思います。しかし、結婚も出産もまだまだ可能性のある女性たちが、老後の心配をするのはもったいないことです。それは、あなたの母親世代がする心配ではありませんか？

どうしても不安なら、具体的に試してみる

　国立社会保障・人口問題研究所が2010年に発表した結果によると、2030年には50歳の男性なら約30％、女性の場合は約23％が生涯未婚者になると予想されています。

　病気や孤独感など、一生ひとりきりで生きていくには、覚悟しなければならないことが多い。想像すると怖くなり、安心を確保したくなりますよね。しかし、何気ない

一言で、友人を、そしてあなた自身をも縛ってはいけません。どうしても心配で本気なら、次の引っ越しを機に、約束した友人とシェアハウスに住んでみてはいかがですか?

　大人になればなるほど、それぞれの生活ペースやルールができていきます。それを突然、60歳で変えるのは難しい。また、本当に一生暮らしていける相手かどうかは、一緒に暮らしてみないとわからないもの。

　だから、たとえばお試しで、とりあえず1年間やってみる。そして大事なのは、相手に彼氏や結婚相手ができてもOKと、お互いに決めてから始めること。ズルズルと続けるのではなく、期限とルールを設けてみると、案外イメージできるかもしれません。

　ただし、女性同士の生活が気楽だからと、変化を恐れて安易に満足してしまい、結婚の可能性を忘れたりしないでくださいね。

137

36

たまのワガママに、
応えてくれるかどうか。

結婚するべき"優しい人"とは、あなたの希
望に応えてくれる人。見極める方法はワガ
ママを言ってみること。嫌われるかもと怖
がらず、小さなことから始めてみます。

好みのタイプを尋ねられたら、「優しい人」と多くの女性が答えます。この時に意味する"優しい"とは、"私だけに優しくしてくれる"ということでしょうか。でも、優しい男性は、子どもやお年寄り、妊婦やけが人に対して優しいのはもちろん、基本的にすべての女性に優しいもの。

　あなたに優しくしてくれる人とは、どんな人か。それは、本当に思うことを言って、受け入れてくれる人です。

　実は、男性にワガママ＝本音を言うことは、相性のバロメーターになります。デートで「どこに行きたい？」「何が食べたい？」と聞かれたら、「なんでもいい」ではダメ。ハッキリと意志を表します。

　あなたの希望を聞いて「ワガママだな」とムッとする男性と結婚すると、窮屈な思いをします。また、「今日は車を見に行こう」「週末は釣りに行こう」などと、あなたのやりたいことを聞かず、提案するばかりの人や、あなたが希望を言えないような状況を作る人も避けてくださいね。

　曖昧な"優しい人"を求めるよりも、あなたに対して"親切にしてくれる人"のほうが結婚相手にふさわしい人です。

37

"女子力" の後ろに（笑）を
つけている場合ではない。

言葉の意味を誤解している人が多い"女子
力"。女性としての魅力を総合的に兼ね備
えた人がもつ力のことで、もっていて損は
ナシ。また、思い立ったらすぐに磨けます。

2009年の新語・流行語大賞にもノミネートされた"女子力"。その言葉の意味にはさまざまありますが、大きくは3つ。①生き生きとした女性がもつ力のこと、②自らの生き方やセンスの良さなどを目立たせて、自身の存在力を示す力、③男性からモテる力。

　ここでいう"女子力"とは、女性としての総合力のことです。上に挙げた3つをバランス良くもち、女性としての魅力を総合的に兼ね備えている人。結婚するには欠かせない要素だと私は思います。

　なかには"女子力"という言葉を小馬鹿にする人や、使い方を間違えている人がいます。女子力は決して男性に媚びるための力や、見た目がかわいらしい人だけが備えているものではありません。女性として、さらに充実した日々を送るために欠かせない力です。

　もともと兼ね備えていなくても大丈夫です。日頃の意識ひとつで、今日から身につけることができます。結婚したい、女性として輝きたいと思っているのなら、とりあえず女子力を上げていきましょう！

女子力向上への道 ①　お願い上手

　お願いするって案外難しいですね。場合によっては「ワガママ」「空気が読めない」などというレッテルが貼られてしまいます。

　大切なのは、タイミングを逃さないこと。そして、相手が力を最大限発揮できるよう、得意な物事をお願いすること。また、お願い上手には、相手を思いやる余裕が必要です。間が悪い時に無理にお願いしたり、事あるごとに頼ってばかりいては、相手もウンザリします。「自立できていない」と感じられてしまうかもしれません。

　ちなみに、「○○してほしい」と言うことに抵抗がある人は、「○○してくれたら嬉しい」と、希望を伝えてみてください。さりげなく、上手にお願いできるようになったら、成熟した女性の証しですね。

お願い上手のポイント

◎ 相手の都合がいい時、つまり心に余裕がある時に甘える
◎ まずは自分でやってみて、無理だったことや難しいことを、「助けて」「手を貸して」とお願いする
◎ 相手の好意は素直に受け入れる。
◎ 「断られてもいい」ぐらいのスタンスでお願いする。「断らせない」という気持ちが垣間見えるお願いは、単なるワガママ＆脅迫
◎ 「○○してほしい」もしくは「○○してくれたら嬉しい」

女子力向上への道 ②　笑顔を忘れない

　笑顔は女性のマストアイテム。ニコニコしている女性に男性は好印象を抱くだけでなく、円滑なコミュニケーションにも欠かせません。笑顔のいいところは、顔立ちも体形も年齢も関係ないことです。顔や体形に自信がないからと暗い顔をせず、笑顔を心がけましょう。

　ちなみに、笑顔には人間関係のみならず、自分自身にとってもいいことがあります。たとえば、楽しかったら、自然と笑顔になりますね。逆に、笑顔でいても、楽しい気分になれるのです。つまり、作り笑顔というわけですが、笑うことには心を落ち着かせる作用があるのだとか。さらに、自律神経にいい、ともいわれています。笑顔が疲労感やストレスを軽減して、心身のバランスを整えてくれるのです。

笑顔のポイント

◎ フルメイクで仏頂面よりナチュラルメイクの笑顔。笑顔の人は、無表情な人より好感をもたれやすくなる

◎ 笑うことで顔の筋肉が刺激され、シワやたるみを予防。生き生きとした表情になり、元気でハツラツとした印象に

◎ 作り笑顔でも、笑うことで心が落ち着き、ストレスを軽減。辛い時こそ笑うことで、前向きに乗り越えられる

◎ 心身を整える自律神経に作用。疲労感やストレスを軽減してくれる

女子力向上への道 ③ 　言葉遣い

　男性をがっかりさせてしまう要因のひとつが、女性の言葉遣い。相手を思いやらない乱暴な言動や、TPOを無視した言葉のチョイスには幻滅されてしまいます。

　コミュニケーションにおいて、たくさん話すことは大切です。しかし、言葉選びはもっと大切。極端に丁寧である必要はありません。ただ、一緒にいる人が嫌な気持ちになったり、恥をかくような言葉遣いはいけません。2人だけのノリではOKな言葉や発言も、一歩社会に出たらギョッとされることもあるからです。社会性を意識しましょう。

　一方、たとえファッションやヘアスタイルが奇抜でも、しっかりとした言葉遣いで話すことのできる女性は、かえって印象が良くなることがあるから不思議です。言葉は、老若男女問わず、見た目以上に印象を左右するものです。

言葉遣いのポイント

◎ しっかりとした言葉遣いは、一緒にいる人（友人、パートナー、仕事仲間）が恥ずかしい思いをしないためのマナー

◎ 接する相手の立場やTPOをわきまえた言葉を選ぶ

◎ 丁寧すぎる必要はない。むしろ、丁寧に話そうとするあまり、おかしな尊敬語や謙譲語を使うほうが恥ずかしい

◎ 相手に合わせて言葉を選べる人は、気遣いもできる証拠

女子力向上への道 ④　声の出し方

　声の出し方は、あなた自身のプレゼンテーション。声が高ければいいとか、アニメのような甘い声がかわいいとか、決まりはありません。ゆっくりしゃべっても早口でも、話しやすいスピードでOKです。

　ただ、早口すぎると、せっかちな印象を与えます。また、ビジネスマナーでもありますが、電話の対応は少しゆっくりと。電話では話し相手の表情や態度、しぐさなどが見えず、声だけで判断します。聞き間違いを防ぎ、確実に言葉を届けるためにも、ふだんよりゆっくりを心がけます。そして、声のボリュームも大事です。場所や状況にもよりますが、小さすぎると元気がなく自信もなさそうに聞こえてしまいます。反対に大きすぎると、相手は驚いてしまうかもしれません。

　声の出し方は、相手への気遣いでもあります。声の高い低い、話す速度、発するボリュームなど、いろいろな出し方を試してみましょう。

声の出し方のポイント

◎ ゆっくり低い声＝落ち着いた印象。高い声で速め＝パワフルで活発

◎ 電話は声だけのコミュニケーション。ふだんより少しゆっくり、確実に伝わるようしゃべる

◎ 声が小さいと、自信がない人に見える。相手との距離感でほど良いボリュームを心がけて

女子力向上への道 ⑤　身だしなみ

　ファッションはアイデンティティですし、好きなスタイルを貫くのは悪いことではありません。しかし、あなたが今すぐに結婚したいのであれば、服装や髪形は、主張しすぎないベーシックなものがベターです。

　なぜなら、個性的なスタイルは、同じ趣味同士でないとマッチしないことが多いから。これは、あなたが個性的だから選ばれないのではありません。男性側からすると、あまりに自分とかけ離れたスタイルの人を目の前にすると、「僕は、この人には選ばれない」と思ってしまい、選択肢を狭めてしまうわけです。もしかしたら「選ばれない」と思っている男性と、相性ぴったりかもしれません。ファッションが出会いを帳消しにしてしまうとしたら、もったいないことですね。

　あなたらしさを主張する方法は、ファッション以外にもあります。言葉選び、心配りのセンス、仕事ぶりや趣味など。本質的な魅力はファッションが変わってもにじみ出るもの。「このブランドを着ていない私は私じゃない」なんて、思わなくていいのです。まずは男性と出会う。それから少しずつ、あなたらしさを出して伝えていけばいいと思います。

身だしなみのポイント

◎ 出会いの幅を狭めないためにも、個性的なスタイルは封印する

◎ 万人に好印象を与えるベーシックなスタイルで、人間性をアプローチ

女子力向上への道 ⑥ 教養

　勉強ができる＝教養がある、ではありません。"教養"とは、あなた個人が社会と関わり、経験を積む中で身につける、ものの見方や考え方、価値観などのことです。年齢や経験に応じた人としての成長段階ごとに、身につけておきたい教養があります。

　結婚を意識した時に必要となる"教養"のひとつが、共感上手であること。よく「聞き上手がモテる」なんて言いますが、ただフンフンとうなづくだけでは、お人形と同じ。教養のある女性は、会話で相手が何を伝えたいのかを素早く理解し、相手が望む言葉を返していきます。もうひとつが、褒め上手であること。お世辞を言う必要はありません。相手の良いところを見つけて、自然にさりげなく褒めます。しかも、上から目線ではなく。

　本物の教養を身につける近道はありません。日々の小さな積み重ねが、あなたの血となり肉となり、女性としての成熟につながります。

教養のポイント

◎ どんなに魅力的な人も、トライ＆エラーを重ねて教養を身につけている

◎ 年齢や経験に応じた教養がある。だから、同世代の同性だとしても、まったく同じ力を身につけている必要はない

◎ こと結婚となると、共感テク・褒めテクは身につけておいて損はない

女子力向上への道 ⑦　コミュニケーション

　人とのコミュニケーションが苦手な若い人が増えています。買い物や調べ物はインターネットを使えば簡単ですし、電車やバスの移動中も、本を読む人よりスマホをいじっている人のほうが多い。つまり、言葉を発したり、人に接する機会が減っています。

　時代に合わせてコミュニケーション方法が変化するのも当然です。ひと昔前なら、たくさんしゃべることがセオリーだったかもしれません。しかし、今は何気ないひと言に＋αが効果的。＋αは、たとえば「こんにちは」という挨拶に、「こんにちは。今日は暖かいですね」などと、ひと言を加えます。言葉が短い分、＋αする言葉にはセンスがにじみ出ます。気負わず、あなたらしいひと言を選んでみましょう。

　円滑なコミュニケーションができる人の周りには、人が集まってきます。ひと言だけなら、ちょっとした心がけで今日から始められます。結婚だけでなく、仕事や人間関係を円滑にするためにも、いい方法です。ぜひ試してみてくださいね。

コミュニケーションのポイント

◎ あなたが発して終わる言葉ではなく、相手との会話が続くようなひと言をプラスすると、よりしっかりコミュニケーションが取れる
◎ 閉じた質問（相手がYes,Noだけで答える質問）は、避ける

女子力向上への道 ⑧　聞き上手

　ただ黙って聞いているだけではお人形と同じと言いましたが（P147）、やはり聞き上手も、女子力を高める上では欠かせません。でも、ここでいう"聞き上手"は、ひと味違います。

　そもそも、芸人さんや政治家ではない女性で、雄弁なタイプが輝くのは、仕事のプレゼンテーションや友人との飲み会ぐらい。恋愛や結婚を考える場面では、話し上手は時に迫力がありすぎて、男性から引かれてしまうこともあります。"沈黙は金、雄弁は銀"の言葉通り、何も語らず黙っていることは、優れた弁舌よりも時に大切だと思います。

　女子力を高めるために、まずは黙って相手の話に耳を傾けましょう。といっても、ずっと受け身で「ハイ、ハイ」と聞いている必要はありません。相手を見て、ちょうど良いところで相づちを打ち、ほど良いツッコミができるのも聞き上手です。

　本当の聞き上手とは、相手のニーズに応えられる人です。話をしっかり聞いて、常に頭を働かせていないと務まりません。

聞き上手のポイント

◎ 抜群のトーク力は、友人や仕事仲間には頼りにされたりおもしろがったりしてもらえるけれど、とりあえず結婚したい場合には必要ない

◎ 相手の話をきちんと聞いていないと、聞き上手にはなれない

女子力向上への道 ⑨　マナー

　女性として……というよりも、ひとりの大人として最低限のマナーは
身につけておくと安心です。マナーとは、相手への気遣いを具体的に表
わすものだからです。世の中にあるマナーは、人付き合いを円滑にする
ためにと、先人たちが残してくれた知恵でもあります。

　挨拶、食事、手紙の書き方、冠婚葬祭、格式の高いレストランでの身
のこなしなど。昔は家庭で教わることが多かったマナーですが、今では
就職先やセミナーに出席して身につける人が増えています。

　突然のことにも慌てふためかず、当然のようにサラリとこなせる女性
は魅力的。どこに出しても恥ずかしくないと、男性はもちろん、もしあ
なたが結婚を控えているのだとしたら、相手の親からも高評価を受ける
でしょう。マナーは一生もの。身につけておいて、損はありません。あ
まり堅苦しく考えず、相手や状況に応じて対応できる力を身につけると
考えましょう。

マナーのポイント

◎ 必ず身につけるべき3つは、①食事の基本的なマナー、
　②TPOの合わせ方、③社会人として最低限のマナー

◎ 冠婚葬祭など、人が多く集まる場所こそ、マナーを知らな
　いとマイナスの印象をもたれてしまう

女子力向上への道 ⑩　ポジティブな言葉を使う

　よく「私なんて美人じゃないし」と卑下する女性がいますが、誰と比べていますか？　ネガティブな言葉は、聞いているほうもなんと返せばいいのか困ります。励ますのも変だし、同調するのは、さらに変です。

　ネガティブな言葉は、見た目にも悪影響。誰かに発した言葉だとしても、最初に聞くのはあなた自身です。言葉はおもしろいもので、言い続けることで、深層心理に働きます。つまり、自分に返ってくる。

　また、言葉の使い方で、コミュニケーションも変わります。ネガティブな状況も言葉選びで、良い方向に導くことができるかもしれません。

　美醜にかかわらず、素敵な人というのはポジティブな言葉を使っている人が多いですね。見た目を磨くことも大事ですが、まずは毎日使う言葉を一つひとつ、大切にしてみましょう。素敵な言葉を使い続ければ使い続けるほど、あなたの魅力が増していきます。

ポジティブな言葉のポイント

◎ 「私なんて」「○○だったらよかったのに」「○○していれば」など、後ろ向きな言葉は使用禁止！

◎ ネガティブな言葉を発しそうになったら、ポジティブに変換してみる。たとえば「今日も疲れた→よく働いた」「すみません→ありがとうございます」など。

38

食べたいものが一緒の人と、
結婚を考えてみる。

食の好みは大切な価値観のひとつです。結
婚相手としてはもちろん、一生付き合える
仲になるかもしれません。たとえ似ていな
くても、相手の様子をチェックして。

結婚において、食の好みを重視する人は多いですね。「お
いしい」のツボが同じだと話題が盛り上がりやすく、「次は
あの店に行こう」などと、共通の楽しみもできます。レス
トランで注文した食事の好みが似ていたり、「おいしい」感
覚が合う人は、結婚相手としても安心できる人の場合が
多いでしょう。

　一方、ルックスは好みだけれど、食の好き嫌いがズレ
ている場合。2つのポイントをチェックしてみてください。
①自分が嫌いなものを相手が強要しないか。好き嫌いを
せずなんでも食べるのはいいことですが、克服しようと
頑張っても、どうしても苦手なものがあります。こうし
た人は、自分の意見が正しくて周りの意見は受け入れな
いというタイプかもしれません。②あなたが、相手の嫌
いなものを受け入れられるか。食べられなくても、不快
感をあらわにしない程度ならいいと思います。

　いずれも、今現在だけでなく、長い目で考えてみてく
ださいね。" 食べること " は生きている限り、毎日続きま
すから。

39

彼氏と行った
コンビニで買う、
結婚情報誌の重さ。

結婚を決める最後の一手は男性から。プロ
ポーズの言葉を無理やり言わせるような言
動はやめましょう。せっかく結婚を考えてい
たのに、気持ちが萎えてしまうかも。

ある日、彼がポケットから小さな箱を取り出し、パカッ。「結婚しよう」……って、ベタですね（笑）。オンナたるもの、男性から結婚を申し込んでほしい。でも、結婚を意識した女性の無言の圧力ほど、恐ろしいものはありません。

　これは現在、彼がいる女性のみならず、フリーの人も気をつけましょう。結婚したい女性から発せられる "結婚するするオーラ" に気後れする男性は、少なくありません。結婚したいんだから、しょうがない！　と焦る気持ちもわかります。でも、結婚情報誌が転がっている彼女の部屋で、男性がくつろげますか？　また、決まってもいない結婚への妄想を女性から聞かされる男性の気持ち、想像したことがありますか？

　実際に結婚するとなると、相手の親へ挨拶に行くプレッシャーや、生活を担う責任感などから、真面目な男性ほど軽々しく結婚の話をしません。男性にとって、結婚は私たち女性が想像する以上に大きな出来事です。彼から結婚の話がなかなか出なくても、焦らず、やんわり「プロポーズしてね」サインを出しましょう。

40

いくつになっても
息子は母親の彼氏。

結婚の挨拶で初めて彼のお母様に会うの
ではなく、お付き合いしている時から会っ
ておいたほうがベター。母親と仲良くでき
る女性は、男性にとっても好印象です。

女性の本性は見抜けるのに、男性の本性を見抜くのは難しい。これは、男性同士だって同じ。同性にしか察知できない何かがあります。ですから、彼のお母様と接して嫌な感じがしなければ、結婚を考えていいでしょう。

　多くの子どもは母親から影響を受けて育ちます。とりわけ男性は、幼い頃に母親の中に理想の女性像を見る人が多い。マザコンという言葉も、母親が大好きというだけでなく、母親＝理想の女性という意味でもあります。

　一方、息子をもつ母親も、無意識のうちに我が子へ理想の男性像を植え付けます。本来は夫に望んだことがかなわず、息子に投影している場合もあります。息子をもつ母親が「子どもだけど恋人感覚」と言いますが、母親と息子というのは、とても固い絆で結ばれています。

　そう考えると、彼を育てたお母様と仲良くできるのなら、おのずと彼との相性もいいはず。反対に、違和感を感じるポイントがあったのなら、今は大したことでなくても、いずれ大きな違和感となる危険性を秘めています。

　結婚を決める前に、彼のお母様と会いましょう。

CHAPTER-3

幸せな結婚って何だっけ？

41

結婚は
幸せへの入り口ではなく、
大人の階段を上る行為。

「幸せになりたい」から結婚するのではな
く、「人として成熟できる」ための結婚で
す。人生の役割が増えていくことで、新し
い世界が見え、アップグレードできます。

「結婚したら、幸せになれるはず」と言う人がいます。確かに、喜びも楽しさも2倍になります。しかし、結婚は人を幸せにする魔法ではなく、結婚しなければ幸せになれないという考えは間違っています。

　近頃では、「女性は早く結婚するべき」「男性で30歳を越えても結婚していないと半人前で、所帯をもっていないと社会人として認められない」などといった、昔気質の風潮はなくなりつつあります。しかし、結婚は人として成熟できるチャンスでもあります。結婚しないよりしたほうがいいという考えは、今も変わりはありません。

　独身のあなたの役割は、息子・娘、男・女だけです。結婚すると、ここへさらに役割が増えていきます。夫・妻、婿・嫁、父・母。出産や子どもの進学などで、少しずつ役割が増え、社会的な立場も変わります。役割が増えるごとに、あなた個人の自由な時間は少なくなると感じるかもしれませんが、その分、新たな世界が開けていきます。

　結婚は、あなたの人生をアップグレード。大人であることを自覚し、結婚によってしか得られない成熟があります。

163

42

結婚生活に欠かせない
"趣味" という共通言語。

共通の趣味があると、さらに結婚生活は充実します。もし、今とくにないのなら、男性が気持ち良くリードしたり教えたりしてくれるものを、一緒に楽しんでみては？

夫婦で同じ趣味を楽しむ様子は、微笑ましいです。共通の話題ができますし、一緒にいる時間もおのずと増えるでしょう。しかし、世の夫婦はみんな趣味が同じかといえば、そうでもありません。男性（女性）にしか理解できない世界がありますし、ひとりで楽しみたいという人もいます。それぞれの時間を過ごして、仲良くやっている夫婦もある。では、なぜ一般的に「共通の趣味があるといい」といわれるのでしょうか？

　カップルが仲を深める方法に、２つのポイントがあります。①共通の体験を重ねること。②一緒に問題を解決すること。この２つがないと、性的魅力が薄れた時に、情緒的なつながりまで失ってしまうかもしれません。

　交際期間や新婚当初は、気にしなくて構いません。でも、長年一緒に暮らす時には、性愛的な感情以外にも共通の話題があるほうが、日々を豊かに過ごすことができます。

　そうした意味でも、できるなら子どもをもって仲を深めることをおすすめします。"子はかすがい"という言葉通り、子どもは夫婦の共通体験であり、子どもに何か問題が起こ

れば夫婦で協力して解決することになるからです。

　また、共通の趣味は、できれば男性がリードするもの
もあるとベター。体を動かすことや腕力が必要なものな
ら、女性が頼るほうがスムーズです。たとえばキャンプで
は、テントを張ったり焚き火をしたり。普段の生活では体
験できない非日常での男性の活躍は、彼を見直す機会で
もあります。男の腕の見せどころ。ぜひ頼ってあげてく
ださい。

　サッカーや野球、テニスなど、スポーツ観戦もいいです
ね。目の前で繰り広げられる同じゲームに一喜一憂でき
る趣味は、いいコミュニケーションツール。これは、子ど
もがいる夫婦にもおすすめです。子どもの行事に盛り上
がるのもいいですが、夫婦だけで一緒に楽しめるものが
あると、子どもが自立した後も長く楽しむことができます。

心の距離が一気に近づく、お笑い効果

　カップルや夫婦はもちろん、気になる人と心の距離を

近づけたい場合におすすめなのが"お笑い"です。

　漫才や落語、コメディ映画などで一緒に笑うと、心の距離がぐっと近づきます。これは、心理学の世界でいう"吊り橋効果"。笑うことで興奮し、ドキドキと上がった心拍数を、相手への恋愛感情だと勘違いする効果があると考えられています。お笑いだけでなく、たとえばジェットコースターに乗ったり、ホラー映画鑑賞やスポーツ観戦、お酒を呑むなども、"吊り橋効果"があるとされています。

　反対に、実はあまりおすすめできないのが、コンサートやライブです。同じアーティストが好きだから会話が盛り上がるに違いないと、誘った経験がある人も少なくないでしょう。終演後、「あの曲が良かった」「もっと聴きたい」と感動を分かち合う時間を作れるのならいいですが、音楽を聴いている間はひとりの世界に浸りがちです。お笑いのように、その瞬間を共感して楽しむには向いていません。ですから、一気に心の距離を近づけたい場合よりも、カップルや夫婦になってから共通の趣味として楽しむにはいいでしょう。

43

結婚に旬はないが、
出産には旬がある。

気持ちが追いついていなくても、体は着々
と年を重ねていきます。今は出産を考えら
れなくても、5年後、10年後と、長い目でイ
メージしてみましょう。

将来産む子どもの未来や、年老いていく親の介護など、考え始めると結婚できないという人もいます。まだ起こっていない未来の問題を悩むのは、結婚した後で大丈夫。まずは、とりあえず結婚します。そして、2年、3年と、結婚生活を送ることを、手の届く範囲でイメージしましょう。

　次に考えたいのは、子ども。子どもは早く産むに越したことはありません。なぜなら、女性が妊娠・出産できる年齢には限りがありますし、夫婦間で新鮮味をもってSEXできる期間も限られているからです。長年連れ添ううち、性的魅力を超えて家族愛が芽生え、愛しているけれどSEXはしない（できない）という夫婦も増えています。

　また、35歳以上の出産は"高齢出産"とされ、年齢に伴い妊娠率は下がります。医療技術が上がっても、出産時のリスクや、子どもの健康面への不安も否定できません。

　ちなみに、男性にも適齢期はありますから、結婚したら早い段階で、子どもをもつことを真剣に考えてくださいね。女性はご自身の体を守るためにも、安心して出産できるタイミングを考えましょう。

44

人生にも、
週休２日くらいあっていい。

仕事が充実していると、自分の将来に気が
回らなくなりがち。20〜30代は、子どもを
産むのに適した時でもあります。できるなら
人生の一大仕事のひとつを選びましょう。

体力も気力も充実している 20 〜 30 代。男性と同じくらいバリバリ仕事をして、キャリアを積むことを目指す女性もいるでしょう。しかしこの時期は、女性にとって子どもを産むことができる貴重な時間でもあります。体調や生活、仕事など、人によってさまざまな状況があると思いますが、可能なら子どもを産むという選択肢を選んでほしいと思います。

　出産すると、会社員は産休での休職。場合によっては、仕事が減ったり失ったりする人もいるかもしれません。こうした現実に、仕事が充実していればいるほど、「出産でキャリアを中断したくない」と考えてしまいますね。

　私の経験上、出産〜子育てのピークは 3 年間です。これを長いと捉えるか赤ちゃんのための時間と考えるかは、人それぞれ。でも、3 年間がスローペースになったからといって、あなたの価値が下がることは決してありません。むしろ、新しい命を生み出す大切な仕事を成し遂げた女性は、深みが出て、より信頼できる存在となります。

　万が一、子どもを産んだことで離れていくような仕事は、

それだけのもの。子どもではなく、あなたの体調不良の時にはさらに酷い仕打ちをする仕事でしかありません。

　出産を経て、人生の新しいステージに上がったあなたを必要とする仕事は、必ずあります。子育てか仕事かの選択ではなく、子育ても仕事も楽しんで行いましょう。

働き方への思考をスイッチする

　結婚しても子どもを産んでも、独身時代と同じように働く。女性の社会進出が進み、共働き世帯が増えれば増えるほど、こうしたスタイルは当たり前になってきています。しかし私は、家族を大切にするほうが、長い目で見れば大切だと思います。

　ここ15年くらい、専業主婦世帯より共働き世帯のほうが多くなっています。それもあってか、近頃、"ワーク・ライフ・バランス"が語られます。「仕事と生活の調和を取りましょう」と企業が新しいビジネス戦略として取り入れた考え方です。社員が家族や生活のために時間を配分

できるよう働く環境を整えている企業には優秀な人材が集まり、効率良く働き、離職率も低くなる結果、企業の業績が向上するというものです。また、政府も、少子高齢化に伴い、さまざまな取り組みを行っています。

　働く環境を応援する仕組みが増える一方で、とくに子どもをもつ働く女性にとっては、息苦しさや疲労感が拭えないのも現実。だから私は、子育てのピークである３年間は、ちょっと手抜きをするぐらいの気持ちでいるほうが、肩の力が抜けて良いと思います。

　手抜きといっても、仕事のクオリティを下げろとか、子どもを理由に甘えなさいということではありません。あなたにとって、大切な存在を忘れないということです。結婚前は仕事に100％向けていた意識を、家族や子どもに広げていきます。これだけで、働き方や仕事に対する考え方は、柔軟に、大きく変わります。

　本来、複数のタスクをこなすのは男性より女性が得意としているところ。仕事と家事と子育てを軽やかに行うマルチプレイヤーとなれるのも、女性なのです。

45

SEXの相性の良さは、
幸せな結婚生活と
直結している。

まだLOVEな関係ではないけれどSEXが
できる、SEXの相性がいいというのなら、
結婚を意識してみませんか？　本能的な部
分で通じ合えるということです。

174　CHAPTER-3　幸せな結婚って何だっけ？

大学生や若い社会人の間で、友人同士でSEXをする人が増えています。LIKEな関係だし、お互いに性欲もたまっているからぐらいの、気軽なものなのだそう。男性としてはセフレほど後腐れもなく、「しよう」と誘えばOKしてくれる、ありがたい女性ですね。対して女性の中でも、好きとか付き合うとか重くなくていいと、SEXもできる男友達は重宝されているといいます。若い世代の中で結婚への理想が高まる一方、SEXは奔放になっています。

　少し視点を変えれば、SEXができる相手とは、生理的に嫌悪感がなく、相性がいいということでもあります。結婚生活においてSEXは重要。恋愛感情はなくても、結婚相手として視野に入れてはいかがでしょう？

　ちなみにヨーロッパでは、肉体関係をもってから付き合い始め、同棲の先に結婚があります。日本のスタンダードは、告白し交際しキスしてSEXして結婚、ですね。しかし実は、太古から日本人の性意識は比較的おおらか。これは悪いことではなく、本能的な部分を先に確かめられるので、結婚がより近い状態にあるともいえます。

175

46

2番手からの巻き返しは、
おそらく 99％ ない。

変に意地を張ってカッコつけた挙げ句、好きな彼にとって"都合のいいオンナ＝セフレ"になるのは間違っています。本当に大切な相手なら告白して、ダメなら諦めます。

女性から寄せられる「どうしたら彼のセフレから本命になれるの？」という悩みには、こう返します。「セフレという2番手からの巻き返しは、ほぼありません」

　セフレを作る男性の多くが、SEX以外も楽しみたいと欲張ります。会って食事をしておしゃべりして、楽しい時間の延長線上にSEXがある。しかしそれがだんだん、ラブホテルへ直行となる。男性は、彼女と一緒に過ごす時間に楽しさを感じなくなり、ホテル代以外にコストをかけず、自分の性欲にしか関心がなくなってしまうのです。

　一方、女性でセフレを作る人の多くは、気軽なSEXパートナーを見つけたいわけではありません。本当は好意を寄せているのに、素直に表現できないまま心に嘘をつき、クールを装った挙句、彼にとって都合のいいオンナに。

　愛人のように見返りがあるわけでもなく、独身同士のセフレは不倫以下ともいえます。セフレを友人に紹介できますか？　紹介できない関係をなぜ続けるのでしょう。

　本当に好きなら、思い切って告白してください。それでダメなら関係を絶つ。幸せになる未来への一歩です。

47

あるかもしれない
"不倫適齢期"。

不倫は絶対にいけないことです。小学生で
も知っていることを、大人は繰り返します。
お互いの家族を傷つけるだけでなく、あな
た自身の価値も下げます。

不倫はダメです。おすすめできません。でも、若い時に、相手を既婚者とは知らず好きになってしまった結果、不倫関係になってしまった場合は仕方ないかもしれません。まだ男性を見分ける目をもたず、免疫がないうちに大好きになってしまうこともあるでしょう。その場合は、あなたが25歳になるまでに不倫相手と別れてください。

　もし "不倫適齢期" があるとしたら、25歳までと45歳から。25歳を越えてズルズル不倫を続けた挙げ句、40歳近くなって、不倫相手は妻子を捨てなかった、騙されたと激怒するのは情けないこと。人が人を捨てることを望むような、卑しい女にはならないでくださいね。キッパリと不倫相手を忘れて、あなたが幸せになるために結婚し、できるなら出産や育児、仕事を楽しみましょう。

　それでも、どうしても不倫したいなら、次は45歳から。妻として夫から求められず、母として子離れする寂しさを不倫相手が癒やしてくれたと、頬を赤らめて語った女性もいました。が、バレると取り返しがつかないことは、どの年齢でも同じ。不倫はハイリスク・ノーリターンです。

48

39歳結婚歴なし女より
39歳バツイチ子持ち女
のほうがモテる。

結婚適齢期を過ぎて一度も結婚したことが
ない女性より、バツイチ子持ちのほうが、ま
た結婚できる可能性は高い。なぜなら、人
生の経験をひとつ積んでいるからです。

不思議なことに、同じ39歳でも、結婚歴がない女性より、バツイチで子どものいる女性のほうがモテたりします。結婚をしたことがない女性からすれば、離婚歴や子連れなど、一見恋愛市場では不利になりそうな条件がついてくるのにナゼ？　と思うかもしれませんね。

　今は、母子家庭が昔ほど珍しくなくなりました。厚生労働省が発表した人口動態統計によると、2011年に離婚した夫婦の約60％に子どもがいます。さらに、その際に妻が子どもの親権をもつケースは、およそ80％。母子世帯数も、離婚を理由とするものは1983年の35万3000世帯から、2011年には133万2000世帯へと増加。母子世帯に占める割合も、およそ80％になっています。

　離婚や子連れ再婚が珍しくない今、バツイチ子持ちは結婚のデメリットとはなりません。なぜなら、彼女たちは一度結婚したことがあり、さらには子どもを産み育てています。男性からすれば、子どもを産める＝健康である。子どもを育てている＝幼児虐待をしない人。母親である＝包容力がある。などと連想し、バツイチ子持ちの女性

に "人生の経験を積み、成熟した女性" といった印象をも
つことが多いようです。

　さらに、バツイチ子持ちの女性とお付き合いした男性は、
母子家庭に加わることで、一時的にですが子育てを体験
することもできます。血縁はなくても、父親のように頼り、
甘えてくれる子ども。そして、その母親。一緒に過ごし
ていると、「結婚したら、こんな感じかな」と、結婚に向け
ての具体的なイメージが湧きやすいとも言えます。

モテるバツイチ、引かれる未婚

　では、バツイチ子持ちの女性であれば絶対にモテるかと
問われれば、そんなことはない。人生に絶対はありません。
　やはり、子育てと仕事で忙しくしていると、自分のた
めに使える時間は少なくなります。恋愛を始めるには、
心のゆとりが必要です。また、大変な状態にあっても頑
張っている女性は、輝いて見えます。離婚したことを悲
観的にとらえず、前向きに日々を生きている女性は、バ

ツイチだろうと未婚だろうと魅力的です。

　一方、「バツイチは気にならないけれど、何度も離婚を重ねていると気になる」と感じる人も多いようです。人によっていろいろ事情はあるでしょうが、何度も繰り返すと、以前の結婚と離婚から何も学ばなかったかのように見られてしまうかもしれません。これは残念です。

　しかし、離婚歴以上に男性が引く可能性の高いパターンが、結婚適齢期を過ぎた年齢の独身女性です。いくら美人でも、いえ、美人であればあるほど男性は「何かワケがあるに違いない」と思ってしまいがち。シングルライフを送る女性にも事情がありますから、一概に難ありと決めつけるのは間違っています。ただ、男性は女性よりも失敗を恐れる傾向にあるため、結婚に対して懐疑的になる方も多くいらっしゃいます。

　だから、「いいな」「気が合いそう」と思ったら、"とりあえず"結婚に向けて行動してみる。慎重なのは悪いことではありませんが、石橋を叩きすぎて壊さないことも大事なのです。

183

49

両親から育ててもらった恩を、
どこで返すか。

新しい家族を築く結婚は、親への"恩返し"
であり、時に親を反面教師とした"仕返し"で
もあります。直接返すことのできない育てて
もらった恩は"恩送り"ができます。

まず、あなたが生まれてきたこと。両親をはじめ、周りの大人たちに見守られてきたこと。そして、結婚を考えることができる年齢まで健やかに成長してきたこと。振り返ると、人生は多くの奇跡で満ちています。人がひとり、何事もなく無事に20年以上も生きたこと自体が、大げさではなく、奇跡のように素晴らしいことなのです。

　だから、子どもがひとり立ちするのは、親にとってはこのうえない喜びです。もちろん寂しい気持ちもありますが、親としての責任を果たした安堵感があります。

　ひとり立ちのひとつと言える子どもの結婚は、進学、就職以上に、親にとって喜ばしいことです。さらに出産し、子どもを育てる姿を見ることができれば、なおのこと。

　親もと以外で新しい家族を作る結婚は、親からの自立であり、産み育ててくれたことへの"恩返し"。「孝行のしたい時分には親はなし」なんて古い言葉がありますが、あえて特別な孝行をしなくても、結婚することだけで素晴らしい親孝行となります。つまり結婚は、あなただけが幸せになるものではなく、親も含め、周りのみんなま

185

をも幸せにしてくれるものです。

"仕返し"も親孝行のうち

すべての家庭で親が愛情豊かに子育てできているかといえば、残念ながらそうとはいえません。実際、相談に来られる方で、親ごさんとうまくいかず、恨みの気持ちを消すことができない方もいらっしゃいます。

かく言う私も、父親とはあまりいい関係ではありませんでした。「女性には学問などさせなくていい」と父親が学費を出してくれなかったため、4年制大学で学ぶ機会が得られず、短大に通いました。私の学費を出ししぶり、毎週末にはゴルフ三昧でシングルプレーヤーの父に対して納得できない気持ちを抱えていましたし、それは、私の中に大きなわだかまりを残しています。その後悔から、娘にはやりたい勉強を十分できるようにと、ある意味では父への"仕返し"として娘の学費を惜しむことはしませんでした。その結果、娘は世界ランキング上位のロンドン

186　CHAPTER-3　幸せな結婚って何だっけ？

大学を卒業し、今は総合商社でバリバリ働いています。娘の就職が決まった時、両親へ報告すると、驚いたことに私の両親は涙を流して喜んでくれました。「いい子に育ててくれた、立派な子育てをしたね。ありがとう」と……。

結婚と子育ては、直接親へ返すことができない恩に対して感謝を伝える"恩返し"であると同時に、時には"仕返し"にもなります。"仕返し"はネガティブなイメージですが、結婚によるそれは基本的には前向きなものです。私の例のように、"仕返し"のつもりが、期せず"恩返し"となる場合も多々あります。

たとえば、あなたが両親の不仲に不満だとしたら、理想とする夫婦関係や家庭を築いてみてください。これは結婚によってのみできる"仕返し"です。結果的にあなたは幸せな生活を送り、両親を安心させて"恩返し"となるかもしれません。もちろん、ご両親からたっぷりの愛情を受けたなら、結婚は"恩返し"。親から受けた恩をそのまま返すことはできませんが、出産と子育てによって、子どもへ"恩送り"することもできます。

187

50

離婚で得る
オトナの経験値は、
案外悪くない。

離婚は失敗ではないので、あまり怖がらないでください。むしろ、離婚でしか学べない、人の痛みや世間の仕組みがあります。経験を反省して、次に生かせばいいのです。

年々離婚率が上がる昨今、ひと昔前ほど、離婚に対する世間の差別や偏見は減ってきました。ただ、離婚が大変であることには、今も昔も変わりありません。

　結婚と同じく、規定に沿って役所に離婚届けを出せば、離婚は成立します。これですめば良いですが、そうはいかないのが離婚。結婚では2人が合意するから届出も簡単ですが、利益が対立する離婚は、結婚の百万倍も苦しい思いをします。だからできれば、離婚しないほうがいい。でも、何事も"絶対"はありません。

　離婚は、人生の経験をひとつ積むことにもなります。決して人生を失敗したわけではなく、結婚生活を続けられなかっただけです。経験したからこそわかる痛みもあります。私のところへ訪れる相談者の方々も、離婚はするとひどく嘆き悲しみますが、数年経たないうちに、再婚しますとおっしゃる。彼女たちは離婚によって傷ついても、結婚の良さも知っているから、再婚を望みます。

　まだ起こっていない未来をおそれるよりも、"とりあえず"結婚してみましょう。結婚は、ほんとうに素晴らしい。

EPILOGUE

　カラテカの入江慎也さんたちと、東京都内で婚活イベントを開きました。約100名の参加男女は、もちろん全員独身です。

　男女の顔合わせの前に、入江さんが男性グループに入って婚活のために必要なレクチャーを行い、私は女性グループへ。その後、男女が一堂に会し、順に席を替わり、次々とたくさんの異性と話します。そして、いよいよフリータイム。気になっている人と、もう一度、ゆっくり話すことができます。

　……が、どのイスにも向かわず、壁際に立ったままの女性が数名いらっしゃいます。ステージから降りて一人ずつに声をかけ、手を取り、フリーでいる男性のところへお連れして、会話のきっかけを作ったら、私は離れます。ところが、最後の一人が動いてくれない。「せっかく参加したんだから」と伝えても、「そんなつもりで来たんじゃないし」と、壁にくっついて動きません。フロアにいる男性を見ながら「彼はどう？」などとたずねても、ウンと言わない。彼女の背中に手を回して壁から引き剥がすと、「どうしても行くんですか？」と抵抗される。「体調が悪いのでなければ、とりあえず行きましょう」と背中を押すと、不機嫌そうに「とりあえず、

年々離婚率が上がる昨今、ひと昔前ほど、離婚に対する世間の差別や偏見は減ってきました。ただ、離婚が大変であることには、今も昔も変わりありません。

　結婚と同じく、規定に沿って役所に離婚届けを出せば、離婚は成立します。これですめば良いですが、そうはいかないのが離婚。結婚では2人が合意するから届出も簡単ですが、利益が対立する離婚は、結婚の百万倍も苦しい思いをします。だからできれば、離婚しないほうがいい。でも、何事も"絶対"はありません。

　離婚は、人生の経験をひとつ積むことにもなります。決して人生を失敗したわけではなく、結婚生活を続けられなかっただけです。経験したからこそわかる痛みもあります。私のところへ訪れる相談者の方々も、離婚はするとひどく嘆き悲しみますが、数年経たないうちに、再婚しますとおっしゃる。彼女たちは離婚によって傷ついても、結婚の良さも知っているから、再婚を望みます。

　まだ起こっていない未来をおそれるよりも、"とりあえず"結婚してみましょう。結婚は、ほんとうに素晴らしい。

EPILOGUE

　カラテカの入江慎也さんたちと、東京都内で婚活イベントを開きました。約100名の参加男女は、もちろん全員独身です。

　男女の顔合わせの前に、入江さんが男性グループに入って婚活のために必要なレクチャーを行い、私は女性グループへ。その後、男女が一堂に会し、順に席を替わり、次々とたくさんの異性と話します。そして、いよいよフリータイム。気になっている人と、もう一度、ゆっくり話すことができます。

　……が、どのイスにも向かわず、壁際に立ったままの女性が数名いらっしゃいます。ステージから降りて一人ずつに声をかけ、手を取り、フリーでいる男性のところへお連れして、会話のきっかけを作ったら、私は離れます。ところが、最後の一人が動いてくれない。「せっかく参加したんだから」と伝えても、「そんなつもりで来たんじゃないし」と、壁にくっついて動きません。フロアにいる男性を見ながら「彼はどう？」などとたずねても、ウンと言わない。彼女の背中に手を回して壁から引き剥がすと、「どうしても行くんですか？」と抵抗される。「体調が悪いのでなければ、とりあえず行きましょう」と背中を押すと、不機嫌そうに「とりあえず、

行くだけですからね」と言う。男性に引き渡し、「彼女を壁の花にしないでね」と、お願いしておく。

　インターバルをおいて、男女カップル結果発表。この婚活イベントでは、16組ものカップルが誕生しました。司会者が言います。
「本日最後のカップルはこちらです！　お２人どうぞ！」

　ぱちぱちぱち、たくさんの拍手の中、ステージへ向かうのは、あの“壁の花”だった彼女！　しっかりと手をつないでいます。

　ああ、良かった。とりあえず、良かったね。

　結婚はしたほうがいい、できれば出産もしたほうがいいと方々で言い続けている私は、若い女性から面倒くさいと思われることもあります。もし、嫌われても構いません。結婚の良さを知っているから、仕事で伺う相談を通じて、出産しなかった後悔を知っているからこそ、お伝えします。

　人生はとても長くて深い。一人きりではできないことばかりです。本書は、編集・ニイミユカさん、装丁デザイン・斉藤いづみさん、撮影・石野千尋さんが、それぞれ素敵なお力添えをくださいました。ありがとうございます。一冊の本は多くの方々のお力を借りて作られ運ばれ、読者様とつながっていきます。あなたの人生はどなたと、どんなふうにつながっていくのでしょう？　想像するだけでワクワクします。

　“とり婚”してみてください。そこから人生が広がります。

池内ひろ美

とりあえず 結婚する という生き方

いま独身女性に考えてほしい 50 のこと。

2016 年 6 月 5 日　初版発行

著者　**池内ひろ美**

発行人　内田久喜
編集人　松野浩之

編集　ニイミユカ
装丁　斉藤いづみ [rhyme inc.]
撮影　石野千尋
ヘアメイク　萩村千紗子 [Be..Go]
校正　白神憲一 [アストロワークス]
企画　井澤元清

発行　ヨシモトブックス
　　　〒 160 -0022　東京都新宿区新宿 5 -18 -21
　　　Tel：03 -3209 -8291

発売　株式会社ワニブックス
　　　〒 150 -8482　東京都渋谷区恵比寿 4 -4 -9　えびす大黒ビル
　　　Tel：03 -5449 -2711

印刷・製本：共同印刷株式会社

本書の無断複製（コピー）、転載は著作権法上の例外を除き禁じられています。
落丁本・乱丁本は（株）ワニブックス営業部宛にお送りください。送料小社負担にてお取替え致します。

© 池内ひろ美／吉本興業　Printed in Japan　978 -4 -8470 -9463 -7　C0095